# LE PETIT RÉDAC

Collège Ahuntsic

# LE PETIT RÉDAC

## Guide de réalisation des travaux en formation générale

Angelica Brunel

Chantal Deslauriers

Josée Migraine

Marilou St-Pierre

Martine St-Pierre

**FIDES**
ÉDUCATION

Direction éditoriale : Luc Tousignant
Coordination : Jenny de Jonquières
Révision linguistique : Yvan Dupuis
Correction d'épreuves : Céline Bouchard
Conception graphique et mise en pages : Pomme Z
Conception de la couverture : Curieux Design / Collège Ahuntsic

Catalogage avant publication de Bibliothèque et Archives nationales du Québec et Bibliothèque et Archives Canada

Collectif de la formation générale du Collège Ahuntsic

Le petit rédac : guide de réalisation des travaux en formation générale

2ᵉ édition.

« Collège Ahuntsic ».
Édition précédente : Le petit rédac, par le Collectif de la formation générale du Collège Ahuntsic ; rédaction, Martine St-Pierre, 2007.
Pour les étudiants du niveau collégial.

ISBN 978-2-923989-57-0 [édition imprimée]
ISBN 978-2-923989-58-7 [édition numérique PDF]
ISBN 978-2-923989-59-4 [édition numérique ePub]

1. Thèses et écrits académiques.    2. Rapports — Rédaction.    I. Brunel, Angelica, 1965-    .
II. Deslauriers, Chantal, 1965-    .    III. Migraine, Josée, 1960-    .    IV. St-Pierre, Marilou, 1980-    .
V. St-Pierre, Martine.

LB2369.P4 2013        808'.02        C2013-941138-0

Dépôt légal : 4ᵉ trimestre 2013
Bibliothèque et archives nationales du Québec
© Groupe Fides inc., 2013

La maison d'édition reconnaît l'aide financière du Gouvernement du Canada par l'entremise du Fonds du livre du Canada pour ses activités d'édition. La maison d'édition remercie de leur soutien financier le Conseil des Arts du Canada et la Société de développement des entreprises culturelles du Québec (SODEC). La maison d'édition bénéficie du Programme de crédit d'impôt pour l'édition de livres du Gouvernement du Québec, géré par la SODEC.

IMPRIMÉ AU CANADA EN OCTOBRE 2013

# AVANT-PROPOS ET REMERCIEMENTS

La formation générale, au collège Ahuntsic, est composée des disciplines suivantes : le français, la philosophie, l'anglais, l'éducation physique ainsi que les cours complémentaires. Les cours donnés au sein du réseau collégial font partie de l'enseignement postsecondaire. C'est pourquoi la présence de ces disciplines fondamentales est requise, car leur étude permet non seulement aux étudiants d'acquérir des connaissances générales, mais aussi de maîtriser des concepts abstraits et de développer une capacité d'apprentissage et de jugement critique dont ils pourront se servir tant au cours de leur formation ultérieure que de leur vie personnelle et professionnelle.

Le présent ouvrage a pour but de rappeler aux étudiants les grandes étapes de l'élaboration d'un travail (qu'il soit présenté à l'oral comme à l'écrit), depuis l'examen du sujet jusqu'à la remise ou à la présentation du texte, de la planification à la révision finale. Il sert donc à :

- prendre connaissance d'un sujet et à en cerner la problématique ;
- planifier et élaborer un travail écrit ou oral, qu'il soit d'ordre individuel ou collectif ;
- structurer adéquatement un texte et établir un lien logique entre les différentes parties d'un développement ;
- réviser convenablement un texte et apporter les corrections linguistiques nécessaires ;
- établir adéquatement une bibliographie ou une médiagraphie ;
- rendre le texte conforme aux normes en vigueur dans les principaux milieux d'édition.

Puisse cet ouvrage vous y aider de façon simple, utile et efficace.

Nous tenons à remercier tous les enseignants et enseignantes du collège Ahuntsic qui ont participé à ce projet en fournissant des documents méthodologiques ou des notes de cours, et en lisant attentivement ce guide pour nous faire part de leurs commentaires et de leur appréciation, notamment : Andrée-Anne Clermont, Louise Forget, François Journault, Marie-Hélène Lapointe, Marie-Hélène Lemieux, David Schwinghamer et Lisa Tremblay. Nous remercions également les membres de la Table de concertation de la formation générale (TCFG) du collège Ahuntsic ayant siégé au cours de l'année 2012-2013 et autres partenaires.

L'équipe du *Petit Rédac*

# TABLE DES MATIÈRES

# DISTINGUER LES TYPES DE TRAVAUX

# L'EXAMEN OU L'EXERCICE AVEC QUESTIONS À DÉVELOPPEMENT

## DÉFINITION

La question à développement vise à vérifier non seulement vos connaissances, mais également votre **compréhension** d'un sujet ou d'un problème donné. Tous les éléments de réponse sont explicitement élaborés et justifiés à partir d'exemples précis.

En philosophie, cet exercice peut viser deux buts :

▶ évaluer la compréhension des contenus théoriques traités en classe ;

▶ témoigner d'une réflexion sur le monde *à partir* des contenus appris.

Par conséquent, la question à développement peut revêtir deux formes :

▶ la première exige une prise de position ou une réflexion personnelle ;

▶ la seconde appelle une réponse objective.

### Conseils pour la rédaction

• Lisez la question attentivement, soulignez les mots clés et assurez-vous de bien comprendre les consignes.

• Reprenez dans la première phrase les éléments importants de la question, en les reformulant, de façon que le lecteur saisisse bien votre propos.

• Développez chacune des idées exposées et donnez des exemples concrets et judicieux pour les illustrer.

• Répondez toujours par des phrases complètes.

• Exposez chacune de vos idées principales dans un paragraphe distinct.

## CRITÈRES D'APPRÉCIATION

• La réponse est autonome et complète. Elle contient tous les éléments nécessaires à sa compréhension. Le lecteur n'a alors nul besoin de revenir à la question.

• La réponse est précise. Elle se rapporte directement à la question posée et tient compte des termes de l'énoncé.

• La réponse est juste et claire. Elle fournit des explications pertinentes.

• Le registre de la langue est soutenu, le vocabulaire adéquat, et les règles linguistiques sont respectées.

## ÉNONCÉ DE QUESTION À DÉVELOPPEMENT

Dans la peinture du Moyen Âge, les couleurs sont généralement symboliques et codifiées. Nommez une couleur codifiée présente dans les tableaux médiévaux et expliquez ce qu'elle symbolise.

### Réponse insatisfaisante

Le bleu est une couleur codifiée, car on l'utilise pour colorer les vêtements de la Vierge Marie.

### Réponse satisfaisante

Dans les tableaux médiévaux, le bleu symbolise la pureté. Le bleu outremer est un pigment très précieux provenant d'une pierre fine nommée lapis-lazuli. Au Moyen Âge, il était plus coûteux que l'or. Cette couleur riche est généralement réservée au coloriage des habits de la Vierge afin de l'honorer. Associé à la virginité de Marie, le bleu devient un symbole de pureté.

# LE PLAN LOGIQUE

## DÉFINITION

Souvent exigé en philosophie, le plan logique est un texte constitué de phrases brèves contenant les idées essentielles d'une œuvre. Il a pour but de présenter schématiquement la structure d'un texte à **lire** ou à **écrire** (texte argumentatif ou dissertation). Dans le plan est énoncée soit la **thèse défendue dans le texte ou l'œuvre à l'étude,** soit la **thèse de l'étudiant.** Les arguments principaux et secondaires qui la soutiennent y sont clairement exposés.

### Conseils pour la rédaction

- Énoncez la thèse du philosophe ou la vôtre (la position ou l'idée défendue). Pour ce faire, soyez attentif aux marqueurs de relation suivants : *donc, par conséquent, c'est pourquoi, en conclusion, ainsi donc, en conséquence,* etc.

- Relevez les arguments principaux présentés pour convaincre le lecteur du bien-fondé de la thèse ou de la position soutenue. Ici encore, mettez en évidence les marqueurs de relation introduisant les arguments : *parce que, car, puisque,* etc.

- De manière générale, vous pouvez, dans le cas d'un court texte, changer de paragraphe à chaque nouvel argument introduit ou, si le texte est plus long, le traiter isolément dans une nouvelle partie.

## CRITÈRES D'APPRÉCIATION[1]

- Les phrases du plan logique sont complètes et compréhensibles sans que l'enseignant doive retourner au texte original pour comprendre le plan de l'étudiant.

- La thèse est pertinente, elle n'est ni trop générale (vague) ni trop particulière (excluant trop de cas). Elle s'appuie sur **tous** les arguments du texte et non pas sur un seul.

- Les arguments sont rationnels et démontrent que votre position est juste et pertinente.

- Le registre de la langue est soutenu, le vocabulaire adéquat, et les règles linguistiques sont respectées.

1. Ces critères sont proposés de manière générale et ils ne remplacent en aucun cas les critères d'évaluation fixés par l'enseignant. Pour obtenir plus de précisions à leur sujet, vous pouvez consulter le livret départemental de philosophie (http://www.collegeahuntsic.qc.ca/departement-de-philosophie/livret-departemental).

**1**

# LE RÉSUMÉ (*SUMMARY*)

## DÉFINITION

Le résumé est un texte qui reprend, en le condensant, l'essentiel du propos d'un texte ou d'un document audiovisuel (récit, essai, article, film, entrevue radiophonique, etc.). Il présente les idées principales, la structure et le ton du document étudié. Le résumé peut se suffire à lui-même ou constituer une partie d'un travail plus vaste tel que, par exemple, un commentaire critique. Un bon résumé permet au lecteur de bien saisir la pensée de l'auteur, les liens entre ses idées et le ton du document, **en lui évitant de se reporter à ce dernier**.

### Conseils pour la rédaction

- Lisez ou écoutez activement le document plusieurs fois.
- Notez les mots clés, les idées importantes ainsi que les liens entre ces idées. À partir de ces éléments, faites un plan de votre résumé.
- Dès les premières phrases, indiquez l'auteur, le titre, le sujet et l'année de production du document. N'oubliez pas de faire constamment référence à l'auteur et au document tout au long du résumé en utilisant les termes appropriés.
- La longueur du résumé **ne doit pas, en général, représenter plus de 20 % du document étudié**.
  - Un résumé court par rapport au document original se concentre sur les idées principales.
  - Un résumé plus long permet de livrer davantage d'informations.
- Dans certains cas, on pourra demander d'insérer de courtes citations dans le résumé.

*Exemples*

**FRANÇAIS :** début de résumé du roman *La Peste* d'Albert Camus.

Dans son roman intitulé *La Peste*, publié en 1947, Albert Camus fait la chronique fictive d'une épidémie de peste à Oran (en Algérie) dans les années quarante. Dans la première partie du roman, le narrateur, dont l'identité ne sera révélée qu'à la fin du récit, raconte comment les habitants de la ville deviennent inquiets à la suite de la découverte de rats morts. Puis…

**ANGLAIS :** résumé de la thèse d'un auteur.

The Montreal Gazette's *article « The science of fun » (June 26, 2010) explains Albert Nerenberg's Act Happy theory, which claims that, by simply acting as if you are happy — for example, smiling when you don't feel like it — , you will reap positive health benefits.*

## CRITÈRES D'APPRÉCIATION

- Fidélité au document étudié : le résumé rend compte de façon impartiale et objective du document. **Les opinions personnelles, les jugements ou les interprétations sont exclues**.
- Le résumé fait ressortir les éléments essentiels du texte sans ajout ni omission, il suit la progression de ce dernier **sans entrer dans les détails**.
- Le registre de la langue est soutenu, le vocabulaire adéquat, et les règles linguistiques sont respectées.

 Le résumé est écrit dans « vos propres mots » et n'est surtout pas un collage de phrases tirées du document étudié. Cependant, vous devez tenir compte, s'il y a lieu, du vocabulaire particulier de l'auteur.

# LES TEXTES EXPLICATIFS OU ANALYTIQUES

Le but des textes explicatifs ou analytiques est d'expliquer le contenu d'un texte ou d'un énoncé, de mettre en relation la forme et le contenu, de démontrer la validité de la thèse qui est exposée.

## Le texte explicatif (*explanatory text*)

> **DÉFINITION**
>
> En anglais, le texte explicatif consiste dans l'une ou l'autre des actions suivantes :
> - écrire sur un énoncé ou une idée de façon détaillée ;
> - comparer deux ou plusieurs concepts ;
> - établir un lien de cause à effet entre deux ou plusieurs faits ou événements ;
> - expliquer un processus donné, etc.
>
> Le texte explicatif est écrit dans un style clair, objectif et aisément compréhensible.

> **ÉNONCÉ**
>
> *Explain step by step a process in your field of study, for example : « How to perform CPR. »*

### CRITÈRES D'APPRÉCIATION

- Choix d'un sujet convenant aux exigences des études de niveau collégial.
- Consignes bien définies (expliquer, exposer, comparer, opposer, etc.).
- Ton à la fois neutre et persuasif.
- Texte objectif.
- Présentation exhaustive des idées principales du texte.
- Structure logique et cohérente.
- Argumentation détaillée s'appuyant sur des exemples précis (faits, anecdotes, explications) :
  - se rapportant au sujet ;
  - provenant de sources fiables et valides.
- Le registre de la langue est soutenu, le vocabulaire adéquat, et les règles linguistiques sont respectées.

## L'analyse littéraire

> **DÉFINITION**
>
> Exposé écrit sur un court texte littéraire mettant en relation la forme de ce dernier et son contenu. Dans le développement de son exposé, l'étudiant doit démontrer comment les thèmes et les idées d'un texte narratif, dramatique, poétique ou critique sont mis en valeur par des moyens stylistiques, syntaxiques, grammaticaux ou lexicaux.

Analysez l'expression de la nostalgie du pays natal dans le poème «Heureux qui comme Ulysse…» de Joachim du Bellay.

## CRITÈRES D'APPRÉCIATION

- Respect du sujet : il faut d'abord bien comprendre l'énoncé du sujet et la consigne, puis dégager l'idée directrice du texte.
- L'analyse est structurée de façon rigoureuse, et les idées formulées se rapportent au sujet et au texte à analyser.
- L'argumentation s'appuie sur des exemples précis tirés du texte (généralement sous forme de citations), expliqués et analysés de façon à défendre le point de vue qui est exprimé.
- Le registre de la langue est soutenu, le vocabulaire adéquat, et les règles linguistiques sont respectées.

## La dissertation explicative

**DÉFINITION**

Exposé écrit dont le but est de démontrer la pertinence de l'énoncé d'un sujet littéraire portant sur une ou plusieurs œuvres littéraires intégrales ou sur un ou plusieurs extraits. Dans le développement de cet exposé, l'étudiant doit prouver, à l'aide d'arguments tirés du texte, la thèse imposée par le sujet. Cette thèse consiste généralement à :

- ▶ justifier un point de vue portant sur un élément du texte (personnage, milieu social, thématique) ;
- ▶ établir un lien entre le texte et un élément qui lui est extérieur (appartenance du texte à un genre, une époque, un courant philosophique, esthétique ou littéraire, comparaison avec un autre texte).

La preuve repose sur l'analyse des éléments du texte et l'établissement de liens entre ces éléments et l'idée à démontrer.

**ÉNONCÉ**

Dans l'extrait suivant, intitulé «Une pension bourgeoise» et tiré du roman *Le Père Goriot*, montrez comment Honoré de Balzac scelle le destin de ses personnages en décrivant méticuleusement l'environnement médiocre dans lequel ils évoluent.

## CRITÈRES D'APPRÉCIATION

- Respect du sujet : il faut bien comprendre l'énoncé du sujet et la consigne (montrer, démontrer).
- La dissertation explicative est structurée de façon rigoureuse selon des idées qui découlent du sujet proposé et du texte à analyser.
- L'argumentation s'appuie sur des exemples précis tirés du texte (généralement sous forme de citations), puis expliqués et analysés de façon à démontrer la justesse du sujet proposé.
- Le registre de la langue est soutenu, le vocabulaire adéquat, et les règles linguistiques sont respectées.

Les textes explicatifs ou analytiques ne sont ni un résumé ni une explication linéaire (ligne par ligne). De plus, vous devez présenter uniquement l'opinion de l'auteur et non la vôtre.

# LES TEXTES ARGUMENTATIFS (*PERSUASIVE WRITINGS*)

La *dissertation critique*, le *texte argumentatif*, la *dissertation philosophique*, le *commentaire critique* et l'*essai* sont des travaux d'argumentation ayant un même objectif pédagogique : **prendre position et justifier son point de vue par des arguments**. La grande différence entre ces types de travaux est la rigueur absolue de l'argumentation exigée pour les trois premiers, alors que les deux autres permettent une forme plus libre ainsi qu'une réflexion moins argumentée.

## Le texte argumentatif en anglais (*argumentative or persuasive essay*)

### DÉFINITION

Dans un texte argumentatif, vous devez démontrer la validité d'une thèse en utilisant des arguments tirés de sources diverses ayant rapport au sujet. De plus, votre enseignant pourra vous demander d'écrire un paragraphe réfutant votre thèse initiale afin de vous amener à renforcer celle-ci.

### ÉNONCÉ

*Write an essay that persuades your reader that «Quebec should offer free postsecondary education.» As this is subjective, you need to convince the reader that your opinion is valid. You must support it with facts and solid arguments.*

### CRITÈRES D'APPRÉCIATION

- Choix d'un sujet convenant aux exigences des études de niveau collégial.
- Opinion clairement exprimée dans la thèse.
- Présence d'arguments logiques et pertinents.
- Présence d'un nombre suffisant d'exemples constitués de faits et d'anecdotes bien expliqués :
  - qui sont pertinents au sujet ;
  - qui proviennent d'une source fiable.
- Ton convaincant.
- Le registre de la langue est soutenu, le vocabulaire adéquat, et les règles linguistiques sont respectées.

Évitez les généralités comme « tout le monde sait » ou « personne n'aime » (*everyone knows* ou *no one likes*).

# Le texte argumentatif en philosophie

## DÉFINITION

Exigé principalement dans le premier cours de philosophie, le texte argumentatif ressemble un peu au texte d'opinion rédigé au secondaire. Dans ce travail, il s'agit pour l'étudiant de **prendre position** sur une question, un problème traité en classe ou par un auteur, puis de **convaincre** ensuite le lecteur, en l'occurrence l'enseignant, de la validité de sa position en apportant les arguments nécessaires. Le sujet du texte argumentatif, présenté sous forme de question ou d'énoncé portant sur un problème philosophique, peut être **imposé** par l'enseignant ou **choisi** par l'étudiant.

 Vous pouvez vous inspirer de problèmes déjà traités en classe.

## ÉNONCÉS

*Question philosophique*

Est-il juste de penser, comme Socrate, que nul ne fait le mal volontairement ?

*Problème philosophique*

La cité idéale conçue par Platon est une république dont le régime politique n'est pas la démocratie. Présentez un problème que soulève cette conception du pouvoir et discutez-en de manière critique.

### Conseils pour la rédaction

- Gardez en tête le sujet du texte (question ou problème à traiter) et dressez un plan.
- Prenez position (thèse) face au problème ou à la question.
- Développez la thèse en précisant certains concepts de façon détaillée.
- Défendez la thèse par des arguments principaux et secondaires, accompagnés de définitions, d'exemples, de faits, etc.

## CRITÈRES D'APPRÉCIATION

- Le texte est cohérent : tous les paragraphes sont liés par la question ou le problème philosophique (le sujet).
- La thèse est pertinente et susceptible d'être débattue.
- Le sujet, la thèse et les arguments sont élaborés (idée, définition, concept, fait, exemple, etc.).
- Les arguments sont pertinents et suffisent pour démontrer la justesse de votre position.
- Le registre de la langue est soutenu, le vocabulaire adéquat, et les règles linguistiques sont respectées.

# Le commentaire critique (philosophie) ou compte rendu critique

## DÉFINITION

Le commentaire critique en philosophie ainsi que le compte rendu critique ont pour but de susciter la réflexion de l'étudiant et d'approfondir sa compréhension immédiate du sujet. Dans ce type de travail, l'étudiant résume, analyse et critique un court texte, un extrait d'une œuvre plus longue ou un texte intégral. Ainsi, d'une part, le commentaire critique implique la compréhension, l'analyse et la synthèse des idées de l'auteur, et, d'autre part, il exige une prise de position et un regard critique sur ces idées.

## ÉNONCÉS

Faites un commentaire critique des fragments 347 et 348 (éd. Brunschvicg) des *Pensées* : « L'homme n'est qu'un roseau, le plus faible de la nature, mais c'est un roseau pensant [… ] je le comprends[1]. »

Rédigez un compte rendu critique du *Banquet* de Platon.

### Conseils pour la rédaction

- Abordez les parties successives du texte en suivant l'ordre de leur parution ou abordez l'œuvre en fonction des thèmes discutés par l'auteur.
- Après le résumé du contenu, prenez position sur un ou plusieurs de ces thèmes en justifiant son opinion par des arguments pertinents.

## CRITÈRES D'APPRÉCIATION

- Le problème ou le thème central qu'aborde le texte est mis en lumière, et une attention particulière lui est accordée.
- Les idées essentielles de l'auteur sont bien comprises, suffisamment développées et présentées de manière cohérente.
- La prise de position est pertinente dans la mesure où le thème traité est effectivement discutable.
- Les arguments sont bien développés, pertinents et suffisent à convaincre le lecteur que le commentaire est juste et légitime.
- Le commentaire critique présente un point de vue original, une lecture personnelle de l'œuvre commentée sans nécessairement être *pour* ou *contre* les idées de l'auteur.
- Le registre de la langue est soutenu, le vocabulaire adéquat, et les règles linguistiques sont respectées.

---

1. Blaise Pascal, *Pensées*, Paris, Librairie Générale Française, coll. « Les philosophes », 1973, p. 129.

# La dissertation critique en français

## DÉFINITION

En français, la dissertation critique est un «exposé écrit et raisonné sur un sujet qui prête à discussion, dans lequel l'étudiant prend une position et la soutient à l'aide d'arguments illustrés par des exemples tirés du ou des textes proposés ainsi que de ses connaissances littéraires[1]». Dans cet exposé pouvant porter sur un ou plusieurs extraits, l'étudiant doit «évaluer ou discuter la pertinence d'un jugement[2]» qui prend souvent soit la forme d'une question, soit la forme d'une affirmation.

## ÉNONCÉS

Les héros respectifs de *La Terre* (Émile Zola) et de *Menaud, maître draveur* (Félix-Antoine Savard) éprouvent-ils un attachement similaire à leur terre ancestrale?

Dans la nouvelle «Gris et blanc» (Monique Proulx, *Les Aurores montréales*), le portrait que fait le narrateur de son installation récente à Montréal semble plutôt optimiste. Critiquez cette affirmation.

## CRITÈRES D'APPRÉCIATION

- Respect du sujet: il faut bien comprendre l'énoncé du sujet et la consigne (discuter, critiquer).
- L'argumentation doit mener à une prise de position qui découle de l'analyse de l'œuvre à l'étude.
- La structure du développement doit soutenir de façon rigoureuse une argumentation nuancée et convaincante selon un plan généralement dialectique (*thèse — antithèse — synthèse*) ou analogique (*ressemblances — différences — perspective*).
- L'argumentation s'appuie sur des exemples précis tirés du texte (généralement sous forme de citations), puis expliqués et analysés de façon à justifier la thèse défendue (prise de position initiale).
- Le registre de la langue est soutenu, le vocabulaire adéquat, et les règles linguistiques sont respectées.

La dissertation critique n'est pas un texte d'opinion où l'étudiant donne son avis sur le sujet en se livrant à une réflexion remplie d'anecdotes personnelles, de lieux communs ou de considérations morales superflues.

---

1. Georges-Vincent Fournier, *Face à l'épreuve. Les Outils – les œuvres. Guide pratique de préparation à l'épreuve uniforme de français*, Montréal, Hurtubise HMH, 1999, p. 9.
2. Jean-Louis Lessard, *La Communication écrite au collégial*, Montréal, Éditions Le Griffon d'argile, 1996, p. 162.

# La dissertation philosophique

## DÉFINITION

Dans les deuxième et troisième cours de philosophie, la dissertation critique dite « philosophique » est un texte argumentatif plus élaboré, dont l'argumentation repose sur un plan de type dialectique en trois parties : *thèse, antithèse, synthèse*. La *thèse* et l'*antithèse* sont les deux positions contraires que l'étudiant doit d'abord examiner. Puis, dans la synthèse, l'étudiant doit prendre position face à la question ou au problème traité en discutant les positions précédentes pour tenter soit de les concilier, donc d'en faire la *synthèse*, soit d'opter en faveur de la position qu'il juge la plus pertinente (*thèse* **ou** *antithèse*) et qu'il défendra par des arguments supplémentaires.

## ÉNONCÉS

### *Question philosophique*

Est-il juste de penser, comme Rousseau, que l'homme est naturellement bon ou, au contraire, qu'il est fondamentalement mauvais, ainsi que l'affirme Hobbes ?

### *Problème philosophique*

Sartre et Freud ont des conceptions radicalement opposées de l'être humain. Le premier pense que « l'homme est condamné à être libre ». À l'inverse, Freud soutient que l'être humain n'est pas libre, puisqu'il serait déterminé par des pulsions dont, généralement, il n'a pas conscience. À vous de peser le pour et le contre, et de trancher !

### Conseils pour la rédaction

Repérez la thèse et l'antithèse des deux penseurs. Sans être nécessairement contradictoires, elles peuvent diverger ou s'opposer sur un sujet ou sur un aspect particulier d'un problème donné. Faites voir les divergences et convergences de ces auteurs sur la question. Ces deux positions sont-elles **contradictoires ou conciliables** ?

- **Si les positions sont en contradiction**, optez en faveur de l'une ou l'autre des positions en proposant *vos propres arguments*. La synthèse devra alors peser le pour (avantages) et le contre (désavantages) de chacune des positions avant d'opter pour celle qui semble la plus juste ou la plus *avantageuse*.
- Surmontez la contradiction qui divise les deux auteurs en portant le débat sur un terrain où leurs positions *deviennent conciliables*.
- Si la *thèse* et l'*antithèse* **sont déjà conciliables**, c'est-à-dire si elles ne s'opposent pas fondamentalement, la *synthèse* doit montrer que les positions en présence traitent le problème dans *des perspectives différentes*. Il s'agit alors de présenter les points de rapprochement et de démontrer que, même si les deux conceptions sont insuffisantes, elles se complètent.
- Si la *thèse* et l'*antithèse* s'opposent sur un aspect particulier du problème sans se contredire pour autant sur le fond, il faut agir comme un arbitre : **la *synthèse* tente alors de dégager un consensus** en démontrant les limites de chacune des positions adverses.

Quelle que soit la position prise entre ces quatre configurations possibles, il convient de séparer en *paragraphes distincts* :
- les points de vue des auteurs ;
- le travail d'analyse de ces conceptions (convergences, divergences, aspects divers du problème traité, perspective) ;
- sa *propre* position.

## CRITÈRES D'APPRÉCIATION

- Le texte est cohérent : tous les paragraphes sont liés par ce fil conducteur que constitue la question ou le problème philosophique (le sujet).
- Le sujet, la thèse, l'antithèse, la synthèse et les arguments sont élaborés.
- Le texte est riche en contenu (idées, définitions, concepts, faits, exemples, etc.).
- La synthèse (position) est pertinente et susceptible d'être débattue.
- Les arguments sont pertinents et suffisent pour prouver la justesse de la position adoptée.
- Le registre de la langue est soutenu, le vocabulaire adéquat, et les règles linguistiques sont respectées.

## La dissertation critique en sciences humaines

### DÉFINITION

Cet exposé écrit est « un texte indépendant qui vise à exposer l'ensemble des faits et des arguments en faveur d'une conclusion précise à une question donnée[1] ». De forme à la fois plus élaborée et plus souple qu'un texte argumentatif, elle adopte différentes stratégies démonstratives propres à d'autres types de textes et peut intégrer des éléments de :

► commentaires ;

► travaux de recherche ;

► rapports ;

► données diverses propices à l'analyse et à l'interprétation.

**Conseils pour la rédaction d'une dissertation critique en sciences humaines[2]**
- Définissez et présentez une problématique propre à la discipline enseignée.
- Établissez et définissez des termes et des conventions de vocabulaire ou de notation.
- Structurez le texte selon un plan ordonné par les thèmes, les sous-thèmes et les arguments développés.
- Collectez des données pertinentes propres à l'information.
- Démontrez les thèses au moyen des données recueillies et présentées selon une argumentation logique.
- Analysez, commentez et critiquez les preuves fournies dans l'argumentation.
- Donnez les sources et les références exactes des preuves proposées.
- Concluez par un rappel de l'idée principale du texte et des grandes lignes du développement, puis relancez la discussion sur d'autres éléments importants de la problématique.
- Veillez à ce que le registre de la langue soit soutenu, que le vocabulaire soit adéquat et que les règles linguistiques soient respectées.

---

1. Raymond-Robert Tremblay et Yvan Perrier, *Savoir Plus*, 2e édition, Montréal, Chenelière Éducation, 2006, p. 151.
2. *Ibid.*, p. 153.

**EXEMPLES DE SUJETS DE RECHERCHE EN SCIENCES HUMAINES**

*Histoire*

Quelle est l'influence d'une guerre sur le sentiment d'appartenance de la population à son pays ?

*Politique*

Le nationalisme radical est-il la seule réponse possible à la mondialisation des marchés culturels et économiques ?

*Économie*

Peut-on compter uniquement sur la création individuelle des richesses pour assurer la prospérité socioéconomique d'une collectivité ?

## L'essai

**DÉFINITION**

En philosophie, l'essai permet surtout l'exploration de nouvelles idées. Sur un sujet donné, il s'agit de réfléchir de manière plus libre, de découvrir une autre manière de penser le sujet, le problème ou la question. Du point de vue de sa structure, l'essai est moins contraignant que la dissertation philosophique. L'essai peut être méditatif, interrogatif, contestataire ou polémique, selon l'inspiration. Cependant, «liberté» rimant avec «responsabilité», vous devez défendre vos idées, c'est-à-dire les justifier !

**Conseils pour la rédaction**

- Le plan général de l'essai (introduction, développement, conclusion) doit **structurer et soutenir**, non contraindre, ce travail d'argumentation qui se veut avant tout une exploration libre des idées.
- Assurez-vous de bien comprendre le sujet (question ou problème philosophique) et de vous y tenir de façon cohérente.
- Formulez le sujet dans vos propres mots en le personnalisant et en le traitant avec des arguments selon la perspective choisie au préalable.
- Concluez par une synthèse des idées essentielles qui donnera à l'essai toute son unité, **sans vous éloigner du point de départ de la réflexion**.

Même si l'essai permet une forme plus libre, évitez la dispersion !

**CRITÈRES D'APPRÉCIATION**

- Le texte est cohérent : tous les paragraphes sont liés par ce fil conducteur que constitue la question ou le problème philosophique (le sujet).

- L'essai témoigne d'une compréhension du sujet ou des idées d'un philosophe tout en exprimant une réflexion personnelle appuyée par des arguments pertinents.

- L'essai est riche en contenu. N'ayez crainte de suivre vos idées et vos intuitions ! Explorez, sortez des sentiers battus !

- Le registre de la langue est soutenu, le vocabulaire adéquat, et les règles linguistiques sont respectées.

# LES TRAVAUX D'OBSERVATION ET DE SYNTHÈSE

## Les travaux écrits en éducation physique

*But :* Vérifier la capacité d'analyse et de critique de l'étudiant par rapport aux habitudes de vie, aux attitudes personnelles et aux habiletés techniques de l'étudiant. Ces travaux se présentent sous forme de :

- questionnaires ;
- tableaux à remplir ;
- questions à développement ;
- bilan synthèse.

*Ensemble 1*

Observer et décrire :

- les habitudes de vie ;
- l'état de santé ;
- les facteurs de motivation ;
- les capacités et les limites face à l'activité physique.

*Ensemble 2*

Observer et expliquer :

- les habiletés techniques (forces et faiblesses) ;
- l'attitude personnelle face à l'activité physique (motivation).

Fixer par écrit des objectifs lors des activités physiques choisies.

*Ensemble 3*

Élaborer un programme d'activités physiques.

Rédiger un journal de bord avec compte rendu hebdomadaire des activités physiques prévues au programme.

## Le bilan synthèse (éducation physique)

Travail écrit dans lequel l'étudiant doit exercer son jugement et faire preuve de sens critique.

*But :* Permettre à l'étudiant d'évaluer sa capacité à établir et à respecter ses objectifs en matière d'activité physique et de saines habitudes de vie.

### Ensemble 1

Justifier par écrit, à l'aide d'arguments pertinents, le choix de deux activités physiques répondant aux besoins, aux capacités et aux facteurs de motivation de l'étudiant.

### Ensemble 2

Apprécier les progrès de l'étudiant lors d'une activité physique choisie.

Évaluer l'atteinte des objectifs fixés lors de cette activité.

### Ensemble 3

Évaluer un programme personnel d'activité physique en tenant compte des facteurs qui en conditionnent ou limitent la pratique.

 Comme dans tous les cours donnés au collège Ahuntsic, les travaux en éducation physique requièrent un registre de langue soutenu, un vocabulaire adéquat et le respect des règles linguistiques.

 # AIDE-MÉMOIRE
→ Chapitre 1

J'identifie le type de travail qui m'est demandé. Est-ce :

- une question à développement ? . . . . . . . . . . . . . . . . . . . . . . . . ☐
- un résumé ? . . . . . . . . . . . . . . . . . . . . . . . . . . . . . . . . . . . . . . ☐
- un texte explicatif ou analytique ? . . . . . . . . . . . . . . . . . . . . . ☐
- un texte argumentatif ? . . . . . . . . . . . . . . . . . . . . . . . . . . . . . ☐
- un texte critique ? . . . . . . . . . . . . . . . . . . . . . . . . . . . . . . . . . ☐

Je lis attentivement le sujet et je détermine :

- le domaine de recherche . . . . . . . . . . . . . . . . . . . . . . . . . . . . ☐
- le noyau du sujet . . . . . . . . . . . . . . . . . . . . . . . . . . . . . . . . . . ☐
- la problématique soulevée par le sujet . . . . . . . . . . . . . . . . . . ☐
- les consignes données pour traiter le sujet adéquatement . . . . . . . . ☐

Je m'informe sur les critères d'appréciation de l'enseignant. . . . . . . . . ☐

# CHAPITRE **2**

# ENTREPRENDRE UN TRAVAIL

Un travail est le résultat d'un processus de réflexion et d'organisation des idées qui s'ancre dans une démarche de recherche et d'interprétation de sources documentaires. L'accomplissement du travail final découle de la réalisation d'une suite d'étapes qui s'imbriquent les unes dans les autres.

**2**

# LES ÉTAPES DE LA RÉALISATION D'UN TRAVAIL

## Cerner le sujet

- Assurez-vous de bien comprendre l'énoncé du travail à réaliser.
- Lisez attentivement les consignes et les critères d'évaluation imposés par l'enseignant.
- Déterminez de façon précise les tâches qui vous sont demandées (analyser, comparer, critiquer, résumer, etc.).

### Tableau récapitulatif des consignes[1]

| | |
|---|---|
| **Analyser** | Décomposer un texte, en évaluer les parties en établissant des liens pertinents entre chacune d'elles. |
| **Comparer** | Examiner deux éléments ou plus. Déterminer les similitudes et les différences entre eux, et dégager une conclusion. |
| **Critiquer** | Porter un jugement personnel, prendre position. Évaluer la valeur respective des arguments : le pour et le contre, les avantages et les limites, la part de vérité et la part d'erreur, la pertinence et le manque de pertinence. |
| **Décrire** | Indiquer les caractéristiques, les qualités et les divers éléments (ou parties) d'un phénomène. |
| **Démontrer** | Prouver. Soutenir une thèse, une opinion, en donnant des faits, des arguments, des chiffres. La démonstration doit mener logiquement à la conclusion qui réaffirme l'idée de départ. |
| **Expliquer** | Montrer. Faire comprendre la nature d'un phénomène en précisant par exemple ses causes ou faire connaître la nécessité d'une solution en posant le problème correspondant ou en éclairant le contexte dans lequel il se pose. |
| **Résumer** | Donner un compte rendu succinct mais fidèle des idées principales d'un texte selon la structure constituée par l'auteur en évitant les détails. |

- Délimitez clairement le sujet de votre travail.
- Déterminez votre objet d'étude, votre problématique et les diverses autres balises de votre sujet (contextes historique, géographique, politique, social, culturel, économique, types d'approches utilisées, etc.).

---

1. Bernard Dionne, *Pour réussir. Guide méthodologique pour les études et la recherche*, 5e édition, Montréal, Beauchemin, 2008, p. 68. Cet extrait a été reproduit aux termes d'une licence accordée par Copibec.

La technique du *remue-méninges* et l'élaboration de *schémas arborescents* sont des stratégies efficaces pour vous aider à réfléchir à la richesse de votre sujet ainsi qu'aux multiples possibilités d'analyse qu'il peut offrir.

## REMUE-MÉNINGES

Activité consistant à :

- dresser sans discrimination une liste d'idées et de mots clés relatifs au sujet ;
- opérer ensuite un tri dans ces idées et mots clés en les regroupant par catégories.

## SCHÉMA ARBORESCENT

Schéma constitué de différentes bulles ou de cases permettant de classer et de hiérarchiser clairement les catégories obtenues à partir de la technique du remue-méninges, et ainsi de visualiser l'étendue de votre sujet sous divers angles d'approche.

Exemples de schémas arborescents

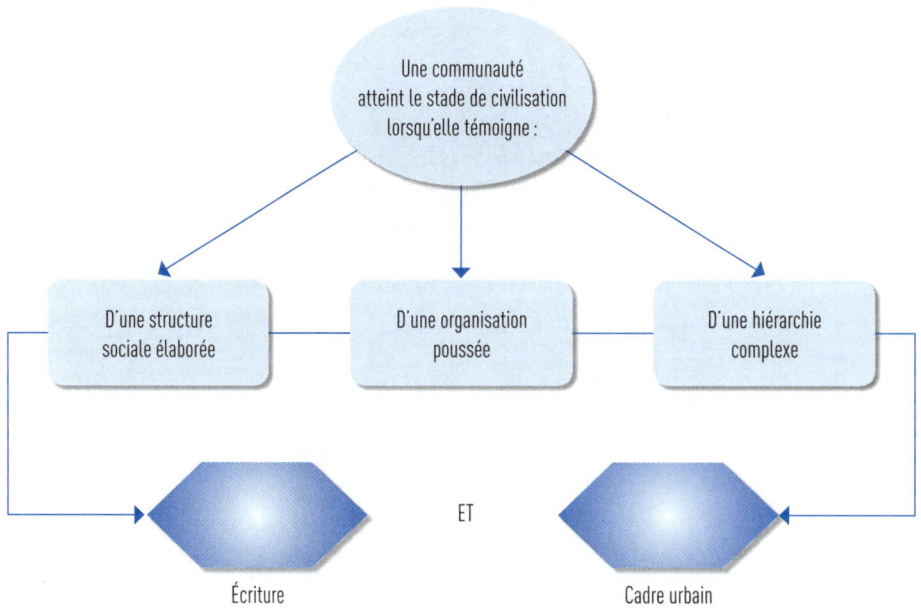

### Qu'est-ce qu'une civilisation ?

# La romanisation de l'Occident[1]

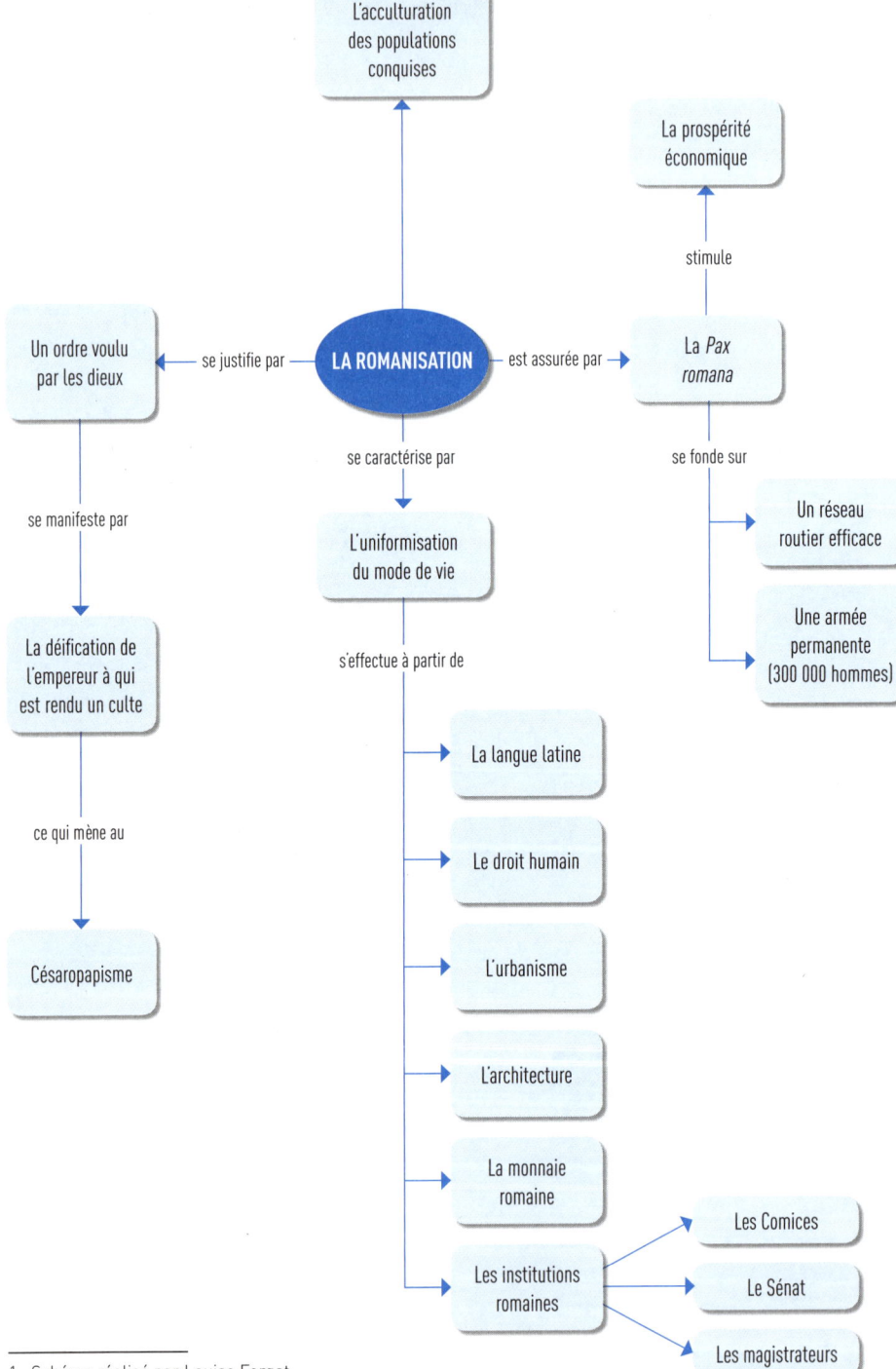

**L'acculturation des populations conquises**

**La prospérité économique**

*stimule*

**Un ordre voulu par les dieux** ← *se justifie par* — **LA ROMANISATION** — *est assurée par* → **La *Pax romana***

*se caractérise par*

*se fonde sur*

*se manifeste par*

**L'uniformisation du mode de vie**

**Un réseau routier efficace**

**Une armée permanente (300 000 hommes)**

**La déification de l'empereur à qui est rendu un culte**

*s'effectue à partir de*

*ce qui mène au*

**Césaropapisme**

**La langue latine**

**Le droit humain**

**L'urbanisme**

**L'architecture**

**La monnaie romaine**

**Les institutions romaines**

**Les Comices**

**Le Sénat**

**Les magistrateurs**

1. Schéma réalisé par Louise Forget.

# Le droit romain

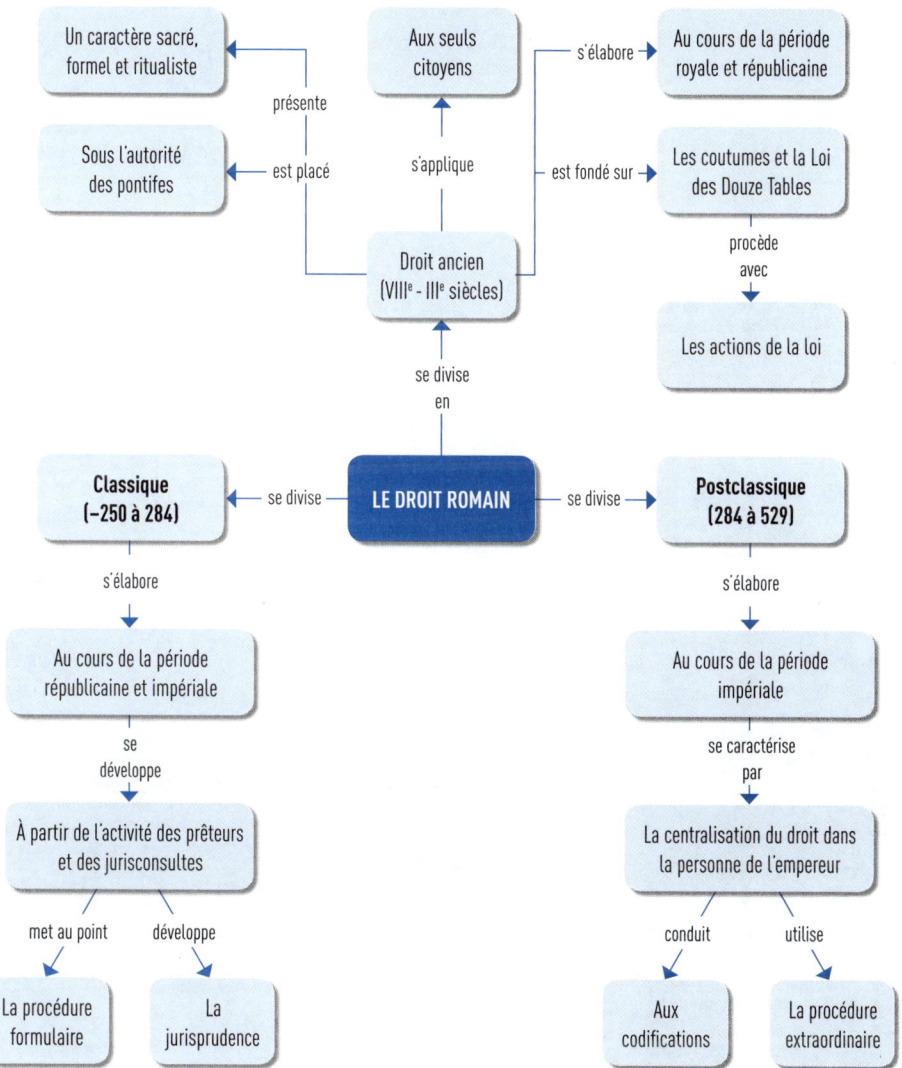

# L'essor des campagnes

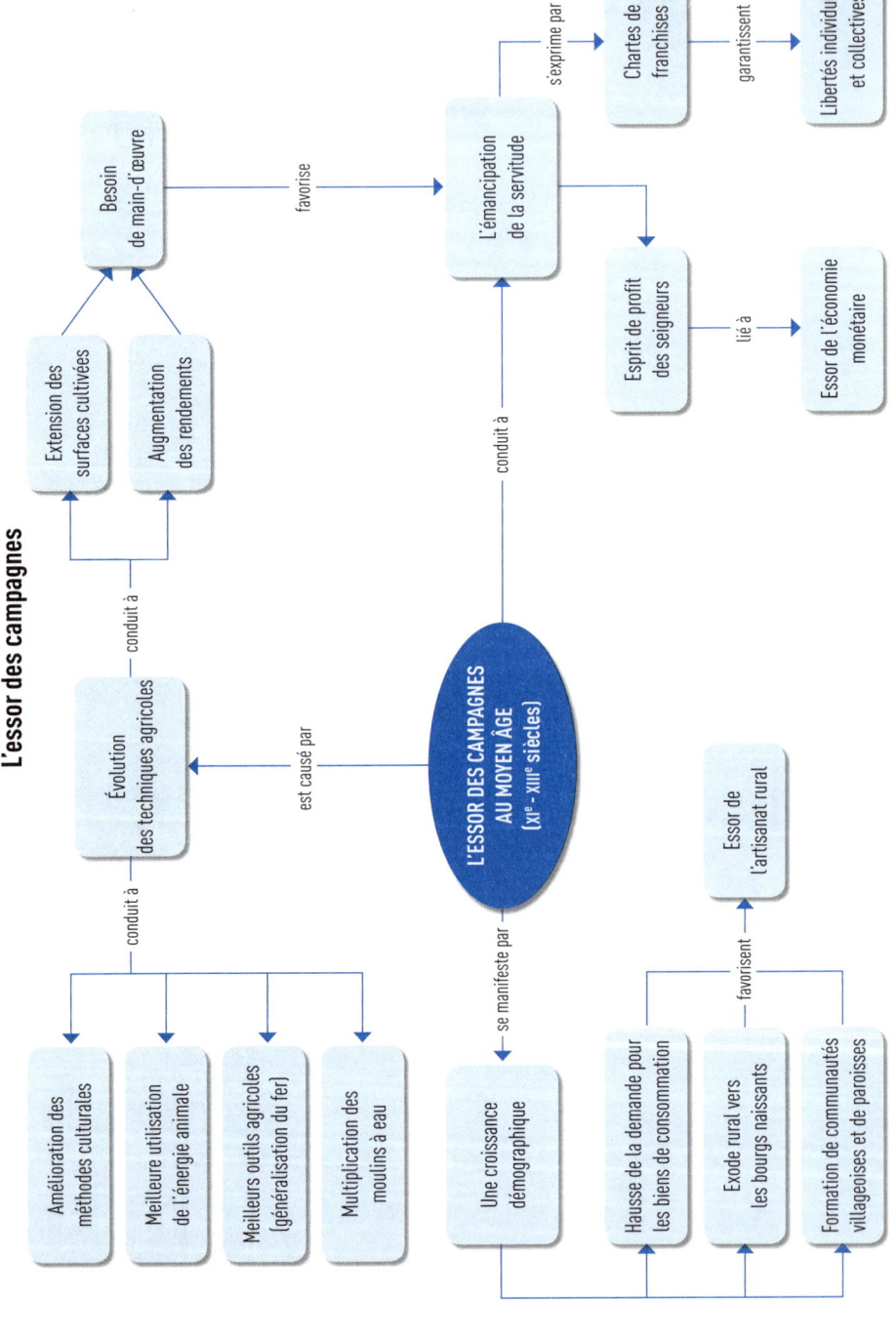

# La modernité

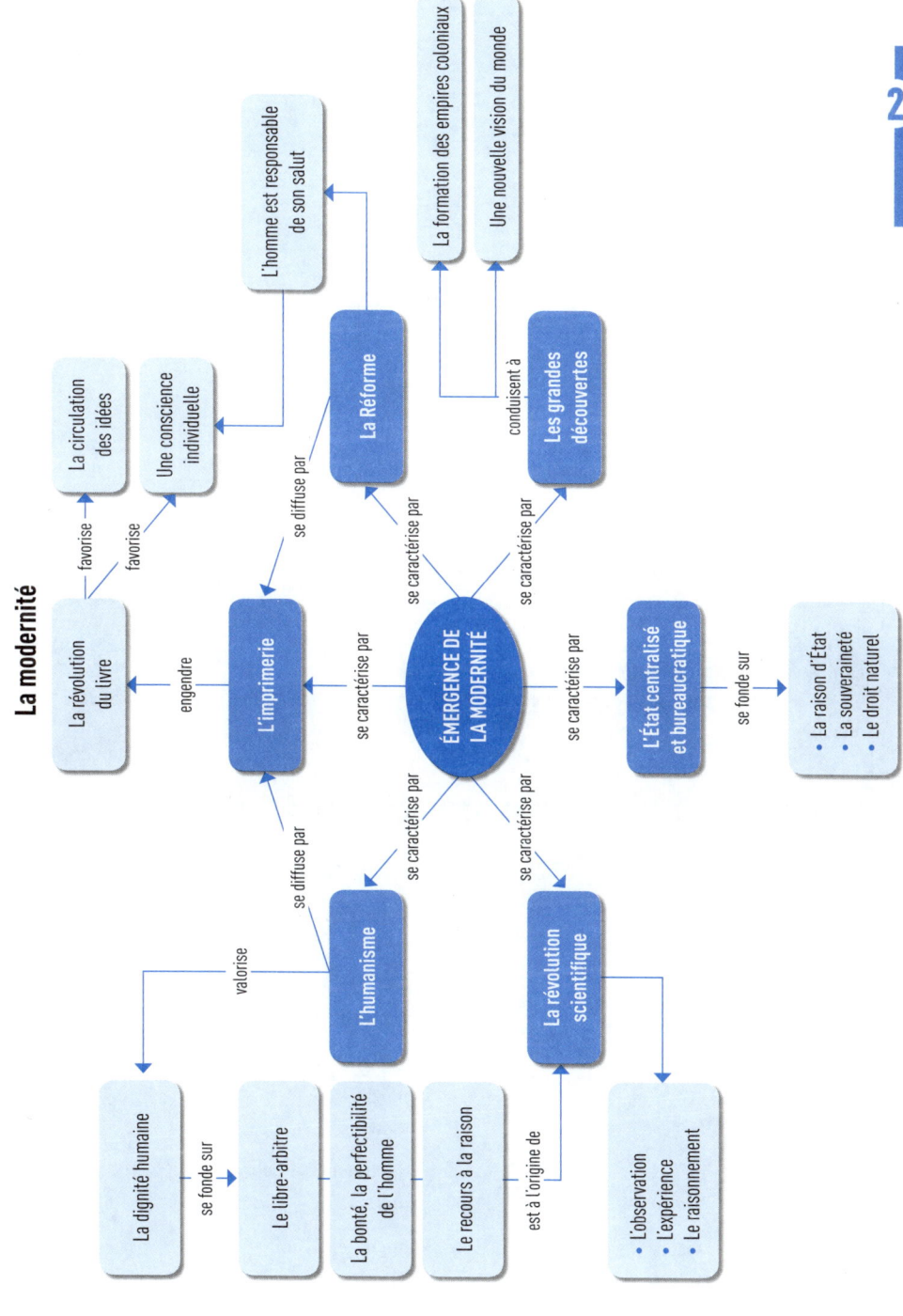

The diagram "ÉMERGENCE DE LA MODERNITÉ" shows:

- **ÉMERGENCE DE LA MODERNITÉ** (center)
  - se caractérise par → **La Réforme**
    - se diffuse par → **L'imprimerie**
    - → L'homme est responsable de son salut
  - se caractérise par → **Les grandes découvertes**
    - conduisent à → La formation des empires coloniaux ; Une nouvelle vision du monde
  - se caractérise par → **L'imprimerie**
    - engendre → La révolution du livre
      - favorise → La circulation des idées
      - favorise → Une conscience individuelle
  - se caractérise par → **L'humanisme**
    - se diffuse par → L'imprimerie
    - valorise → La dignité humaine
      - se fonde sur → Le libre-arbitre ; La bonté, la perfectibilité de l'homme ; Le recours à la raison
  - se caractérise par → **La révolution scientifique**
    - est à l'origine de → L'observation ; L'expérience ; Le raisonnement
  - se caractérise par → **L'État centralisé et bureaucratique**
    - se fonde sur → La raison d'État ; La souveraineté ; Le droit naturel

Avant d'amorcer un travail, vérifiez l'accessibilité, la disponibilité et la qualité des ressources nécessaires (documentation, personnes-ressources, logiciels informatiques, etc.).

## Établir un plan de travail

**2**

Afin de planifier consciencieusement chacune des étapes de la réalisation de votre travail, dressez une liste complète des tâches à accomplir :

- recherche documentaire
- lecture des documents
- rédaction des fiches de lecture
- rédaction de la médiagraphie
- élaboration d'un questionnaire ou d'un sondage
- entrevue
- cueillette des données
- analyse des résultats
- élaboration du plan de rédaction
- rédaction du travail
- révision du travail
- mise en page
- etc.

Établissez un échéancier précis comprenant les délais prévus pour la réalisation de chacune des étapes du travail. Assurez-vous de bien noter cet échéancier dans votre agenda ou votre emploi du temps.

## Trouver les documents pertinents et valider ses sources d'information

### SOURCES DOCUMENTAIRES

Un travail de qualité nécessite une documentation crédible et variée. Il existe divers types de **sources documentaires** :

- livres
- journaux
- revues
- bulletins
- dictionnaires
- encyclopédies
- atlas
- thèses et mémoires
- actes de colloque
- documents d'archives
- entrevues
- rapports
- publications officielles
- textes de loi
- normes
- brevets
- documents visuels
- documents sonores
- documents audiovisuels
- cédéroms
- sites Internet
- etc.

## OUTILS DE RECHERCHE DOCUMENTAIRE

Afin de trouver les documents pertinents à la réalisation de votre travail, plusieurs **outils de recherche documentaire** sont à votre disposition.

### CATALOGUES DES BIBLIOTHÈQUES

*Où :*

À la bibliothèque même.

Sur le site Internet de la bibliothèque.

*Contenu :*

Les notices de tous les documents que possède la bibliothèque.

La bibliothèque du collège Ahuntsic utilise le catalogue ***Koha.***

### BASES DE DONNÉES

*But :*

Permettre de trouver et de consulter des documents de toutes sortes, notamment des articles de périodiques, de journaux et d'encyclopédies.

*Où :*

La bibliothèque du collège Ahuntsic.

Autres bibliothèques (accès à distance, libre ou par authentification sur l'intranet du collège).

*Principales bases de données :*

Repères et Eureka.

### RESSOURCES DOCUMENTAIRES EN LIGNE

*Où :*

Google, Google Scholar, Yahoo ! ou La Toile du Québec.

*Comment :*

À partir de mots clés.

 Des milliers de documents sont indexés et proposés aux chercheurs, d'où la nécessité de procéder à une certaine sélection. Ne vous contentez pas du premier site Internet consulté ou d'un seul site pour effectuer vos recherches. Prenez le temps d'explorer divers sites que vous propose votre moteur de recherche et privilégiez les documents mis en ligne par des personnes, des institutions ou des organismes reconnus.

Il est possible de raffiner la recherche en utilisant les opérateurs booléens ET, SAUF, OU sous forme de mots français, anglais ou de symboles.

### ET (*AND*, +)

Élément A **ET** élément B

Cet opérateur permet d'associer deux mots clés et ainsi de préciser la recherche. Par exemple, « Guernica ET Picasso » indexera des documents comprenant à la fois les termes « Guernica » et « Picasso ».

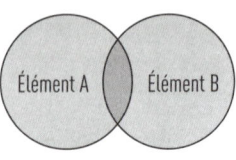

### SAUF (*NOT*, – )

Élément A **SAUF** élément B

Cet opérateur limite également la recherche en excluant un mot clé. Par exemple, « Guernica SAUF Picasso » indexera des documents comprenant le terme « Guernica » mais non le terme « Picasso ».

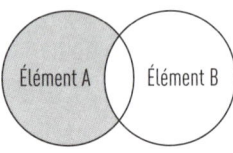

### OU (*OR*)

Élément A **OU** élément B

Cet opérateur permet, au contraire des deux autres, d'étendre la recherche en indexant les documents comprenant l'un ou l'autre des mots clés inscrits. Par exemple, « Guernica OU Picasso » indexera des documents comprenant le terme « Guernica » ou le terme « Picasso ».

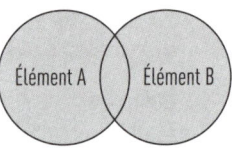

 Avant d'utiliser les opérateurs booléens, vérifiez quels sont ceux que prend en compte votre moteur de recherche. Les opérateurs booléens peuvent également être utilisés pour la recherche dans les catalogues de bibliothèques et les bases de données.

## AUTRES CENTRES DE DOCUMENTATION

Outre la bibliothèque du collège, visitez également :

- les centres de documentation ;
- les bibliothèques publiques et universitaires ;
- la Grande Bibliothèque et les Archives nationales du Québec.

Pour une liste de centres de documentation et de bibliothèques, voir la rubrique « Accès aux ressources documentaires » sur la page Web de la Bibliothèque du collège Ahuntsic, réf. du 16 avril 2012 : http://www.collegeahuntsic.qc.ca/bibliotheque/acces-aux-ressources-documentaires/autres-bibliotheques

 N'hésitez pas à demander l'aide du personnel des bibliothèques que vous fréquentez.

## AUTRES TRUCS ET CONSEILS

Lorsque vous **dénichez un document pertinent** à la bibliothèque, **prenez le temps de parcourir l'étagère où vous l'avez trouvé.** Le catalogue *Koha* de la bibliothèque du collège Ahuntsic vous permet aussi de réaliser cette opération de façon virtuelle.

**Jetez également un coup d'œil aux bibliographies et aux médiagraphies de tous les documents que vous consultez.** Vous trouverez ainsi d'autres sources d'information utiles.

Avant d'entreprendre la consultation d'un document, parcourez sa table des matières, sa quatrième de couverture et toute autre forme de résumé ou de sommaire qui s'y trouve afin de juger de sa pertinence pour votre travail.

Notez toujours les références des documents pertinents que vous avez trouvés et que vous avez consultés afin de les intégrer dans la bibliographie ou la médiagraphie de votre travail (voir chapitre 6, « Établir une bibliographie ou une médiagraphie »).

Ces références seront également utiles pour rédiger vos notes en bas de page (voir le chapitre 5, « Respecter la propriété intellectuelle : présenter ses sources »).

## LES FICHES DE LECTURE

Support, forme et dimensions : fiches cartonnées (5 x 7), feuilles mobiles (8 ½ x 11), support informatique (liseuse électronique, iPad, etc.)

*But :*

Conserver les éléments importants de la documentation.

*Contenu :*

Renseignements essentiels à l'établissement de la médiagraphie, à la rédaction des citations et à la présentation des références.

- Identité de l'auteur, titre de l'œuvre.
- Références bibliographiques.
- Bref résumé du contenu, points saillants, thématique.
- Citations tirées de l'ouvrage consulté.

*Exemples*

### Fiches bibliographiques

LEMAÎTRE, Philippe et Pierre RICHÉ. « Les nouveaux maîtres », *Historia spécial*, n° 8 (novembre-décembre 1990), p. 94-99.

Bibliothèque du collège Ahuntsic
Bibliothèque des lettres et sciences humaines de l'Université de Montréal

## Fiches bibliographiques (*suite*)

RICHÉ, Pierre. « L'Église évangélise les envahisseurs », *Histoire du christianisme*, n° 2 (octobre 1999), p. 81-84.

Bibliothèque des lettres et sciences humaines de l'Université de Montréal

LEMAÎTRE, Philippe. « Des migrations aux invasions », *Historia spécial*, n° 8 (novembre-décembre 1990), p. 22-29.

Bibliothèque du collège Ahuntsic
Bibliothèque des lettres et sciences humaines de l'Université de Montréal

## Fiche documentaire

---

**Fusion des cultures romaine et germanique (VIᵉ s.- )** Domaine administratif

**P. Lemaître et P. Riché, « Les nouveaux maîtres »**

(99) cadres de la fusion : les institutions, l'armée et le catholicisme

(98) conservation des <u>institutions romaines</u>
- impôts directs ou indirects
- tribunaux
- institutions municipales dans certains cas
- institution du comte (gouverneur)

&#10137; donc, besoin des classes dirigeantes de l'Empire qui ont assuré le fonctionnement de ces institutions

&#10137; ralliement à leur cause de l'aristocratie impériale, qui accepte de servir les rois barbares :
- envoi des fils de l'aristocratie dans les cours barbares en vue d'obtenir des postes administratifs ou militaires

&#10137; conséquence : fusion des deux aristocraties, avec le temps, en une seule, surtout en Gaule et en Espagne (pour les constructions politiques barbares les plus durables)

---

## Fiche documentaire avec citations

---

**Fusion des civilisations romaine et germanique** Volonté d'intégration des barbares à la romanité

**P. Lemaître, « Des migrations… »**

(24) installation plus pacifique que belliqueuse ; apport numérique barbare estimé à moins de 5 % de la population totale de l'Empire, qui compte entre 3 et 5 millions d'habitants

(27) surtout à partir du IIIᵉ siècle : plus « migration » que « invasion »

(26) volonté d'intégration des barbares à la romanité, manifeste surtout dans leur participation en tant que soldats dans la défense du monde romain (ex. : armée romaine multiethnique contre les Huns en 451)
général Aetius : meilleur moyen de sauver l'Empire réside dans l'intégration des barbares à la stratégie défensive selon la force de chacun des groupes

&#10137; donc lutte entre barbares romanisés et ceux qui les envient (et non pas conflit ethnique entre Romains et barbares)

(27) IVᵉ - Vᵉ siècles : processus de fusion des aristocraties, au niveau le plus élevé de l'État :

> *Les oppositions entre les clans politiques, les ambitions personnelles, le fossé qui se creuse entre Orient et Occident, sont plus importants et plus décisifs que les oppositions ethniques. […] les grands chefs barbares Clovis et Théodoric se conduisent en représentants légitimes de l'Empire et en défenseurs d'une romanité qu'ils n'ont jamais cherché à détruire.*

**P. Lemaître et P. Riché, « Les nouveaux maîtres »**

(98) adoption du costume romain par les maîtres barbares.

---

**Le choix des sources : tableau de pertinence des références (*CARS*)**

Afin de mesurer la pertinence de vos sources documentaires, posez-vous les questions ci-dessous.

| CRITÈRES DE PERTINENCE | VÉRIFICATION |
|---|---|
| **Crédibilité (*Credibility*)** <br> L'information est pertinente et crédible. | • L'auteur est-il fiable ? . . . . . . . . . . . . . . . . . . . . . . . ☐ <br> • La source est-elle une autorité compétente, une organisation ou un établissement reconnu ? . . . . . . . . . . . . . . . ☐ <br> • Quelle est la nature des activités du site Internet consulté et à quelle sorte de public s'adresse-t-il (informer, vendre, faire de la propagande, etc.) ? . . . . . . . . . . . . . . . . ☐ <br> • L'apparence du site est-elle de qualité (correction linguistique, esthétique et clarté de la présentation) ? . . . . . . . . . ☐ <br> • Le site Internet consulté mentionne-t-il les diplômes, les œuvres et les publications attestant la compétence de l'auteur en la matière ? . . . . . . . . . . . . . . . . . . ☐ |
| **Actualité (*Accuracy*)** <br> L'information est toujours valide au moment où on la communique. | • L'information est-elle toujours d'actualité ? . . . . . . . . . . ☐ <br> • L'information est-elle exhaustive ? . . . . . . . . . . . . . . . . ☐ <br> • De quand date la dernière mise à jour de l'information ? . . . . . . ☐ |
| **Objectivité (*Reasonableness*)** <br> L'auteur tient des propos objectifs. | • L'information est-elle sensée et objective ? . . . . . . . . . . . ☐ <br> • L'auteur est-il intègre et objectif ? . . . . . . . . . . . . . . . . ☐ <br> • Peut-on affirmer que l'auteur n'est pas en situation de conflit d'intérêts, qu'il ne tient pas des propos biaisés ou fallacieux ? . . . . . . . . . . . . ☐ |
| **Validité (*Support*)** <br> On peut établir la pertinence et la validité de l'information auprès de sources additionnelles. | • Les sources sont-elles répertoriées ? . . . . . . . . . . . . . . ☐ <br> • L'auteur peut-il prouver ce qu'il avance ? . . . . . . . . . . . . ☐ <br> • Peut-on trouver au moins trois autres sources qui valident les propos de l'auteur cité ? . . . . . . . . . . . . . . . . . . . . ☐ <br> • Peut-on trouver les références dans des sources documentaires reconnues ? Modern Language Association (MLA), etc. . . . . . . . . . ☐ |

## Interpréter la documentation et rédiger le travail

La consultation des sources documentaires doit s'accompagner d'un travail d'analyse et de classement des informations recueillies. Ce travail peut se faire à l'aide de divers outils de compilation et d'analyse de données :

- fiches de lecture ;
- fiches documentaires ;
- résumés visuels ;

- rapports d'entrevues ;
- tableaux statistiques ;
- etc.

Ces outils vous permettront par la suite d'élaborer votre travail sans avoir à vous reporter constamment aux documents originaux.

En vous aidant de votre analyse des sources documentaires, construisez ensuite le plan de rédaction du travail (voir chapitre 3, « Structurer un texte »).

Rédigez une première version du travail, puis peaufinez-la peu à peu en laissant quelques jours d'intervalle entre chacune de vos relectures.

Consacrez suffisamment de temps à la mise en page et à la révision de votre travail avant de le remettre :

- corrigez les problèmes de syntaxe, les erreurs grammaticales et les fautes d'orthographe (voir chapitre 7, « Rédiger et réviser un texte ») ;
- portez une attention particulière à la présentation des citations et de la bibliographie ou de la médiagraphie (voir chapitre 4, « Intégrer des citations et citer des auteurs sans plagier »).

 Suivez les règles de présentation d'un travail (voir chapitre 8, « Présenter un travail écrit »).

# LE TRAVAIL D'ÉQUIPE[1]

Le travail en équipe vise moins à répartir les diverses sections du travail à effectuer entre les coéquipiers qu'à concerter les efforts et compétences de chacun afin de produire un travail unifié, cohérent et harmonieux. Toutes les parties du travail doivent donc être réalisées collectivement.

## La formation de l'équipe de travail et la prise de contact

Si vos coéquipiers ne vous sont pas imposés, choisissez de préférence des coéquipiers :

- qui partagent le même intérêt que vous pour le projet ;
- dont les compétences complètent les vôtres ;
- en qui vous avez confiance.

Dès que vous avez choisi vos coéquipiers, échangez :

- vos numéros de téléphone et vos adresses courriel ;
- vos disponibilités pour travailler sur le projet (ce critère peut aussi influencer le choix de vos coéquipiers, puisque si vos disponibilités ne concordent pas, il sera difficile de travailler ensemble).

## La planification du travail en équipe

Assurez-vous que tous les membres de l'équipe comprennent les consignes du travail à accomplir. Relisez ensemble les directives données par l'enseignant et expliquez chacune des consignes en les reformulant dans vos propres mots.

---

1. Informations en partie tirées de l'ouvrage de Bernard Dionne, *Pour réussir : guide méthodologique pour les études et la recherche*, 5e édition, Montréal, Beauchemin, 2008, p. 72-87.

Établissez ensuite :

- un plan de travail (voir p. 39) ;
- un échéancier précis indiquant les dates des rencontres et les délais prévus pour l'achèvement de chacune des étapes du travail (assurez-vous de bien noter cet échéancier dans votre agenda ou votre emploi du temps).

Définissez clairement le rôle de chacun des membres de l'équipe (coordonnateur, secrétaire, recherchiste, éditeur, technicien, etc.).

Divisez de façon équitable les tâches à accomplir (et non les parties du travail) en considérant les forces et les faiblesses de chacun.

## La gestion du travail en équipe

Soyez actifs et efficaces lors de vos rencontres :

- établissez des règles de fonctionnement claires afin d'éviter les problèmes et les pertes de temps ;
- écoutez et prenez en considération les idées de chacun des coéquipiers ;
- choisissez un lieu et un moment propices au travail ;
- rédigez un suivi de vos rencontres et de l'avancement du travail ;
- réglez collectivement et respectueusement les problèmes et les conflits dès qu'ils se présentent. Si les problèmes persistent, demandez de l'aide à votre enseignant.

## La rédaction du travail en équipe (écrit ou oral)

- Assurez-vous que tous les membres de l'équipe participent à la rédaction du contenu du travail.
- Évitez de simplement juxtaposer les diverses sections du travail. Soignez les transitions entre les différentes parties et la fluidité dans le style et le propos.
- Assurez-vous que le travail dans son ensemble reflète la pensée de tous les coéquipiers.

 Tous les membres de l'équipe sont solidairement responsables du contenu du travail. En cas de plagiat, par exemple, ils seront également tenus responsables.

## Les outils pour le travail en équipe

### LES OUTILS TECHNOLOGIQUES DE COMMUNICATION ET DE COLLABORATION[1]

La façon de réaliser les échanges et les travaux d'équipe change considérablement de visage avec la diversité des nouveaux outils permettant la communication et la collaboration. Le collège dispose de certains de ceux-ci, mais la plupart sont offerts gratuitement en ligne moyennant l'ouverture d'un compte.

Cette liste n'est pas exhaustive, mais elle donne une idée des possibilités de communication et de collaboration.

---

1. Document réalisé par Lisa Tremblay, conseillère pédagogique TIC.

## COMMUNICATION ET COLLABORATION

**Outils de communication**
- Courrier électronique
- Forum de discussion
- Vidéoconférence

**Outils de stockage et de partage**
- Dépôt de fichiers
- Dépôt de vidéos
- Dépôt de photos
- Marque-pages

**Outils d'organisation et de gestion**
- Sondage
- Calendrier électronique

**Outils de création et de diffusion**
- Présentation
- Site Web
- Blogue
- Wiki
- Médias sociaux

**Environnement intégré**
Environnement numérique d'apprentissage

## Outils de communication

| CATÉGORIES D'OUTILS | DESCRIPTIONS | EXEMPLES D'UTILISATIONS PÉDAGOGIQUES | EXEMPLES D'OUTILS | SITES WEB |
|---|---|---|---|---|
| **Courrier électronique** | Outil de correspondance permettant l'échange de messages asynchrones (en différé). | • Communiquer entre enseignants et étudiants. | • Microsoft<br>• Outlook<br>• Mio | https://collegeahuntsic.omnivox.ca |
| **Forum de discussion** | Il permet une discussion asynchrone par la publication d'articles. | • Discuter du cours.<br>• Répondre aux questions relatives à un cours ou à un travail.<br>• Faire un débat d'idées. | • Forum Moodle<br>• Forum LEA<br>• Facebook<br>• Twitter | www.facebook.com<br><br>www.twitter.com |
| **Vidéo-conférence ou web-conférence** | Elle permet de communiquer de façon synchrone (en interaction immédiate) en petits groupes, à l'aide de la vidéo. | • Faire une réunion d'équipe.<br>• Enseigner. | • Skype<br>• Via | www.skype.com<br><br>www.sviesolutions.com/ClasseVirtuelle.aspx |

## Outils de stockage et de partage

| CATÉGORIES D'OUTILS | DESCRIPTIONS | EXEMPLES D'UTILISATIONS PÉDAGOGIQUES | EXEMPLES D'OUTILS | SITES WEB |
|---|---|---|---|---|
| **Dépôt de documents** | Espace de dépôt de fichiers en ligne où il est possible de partager l'accès. | • Partager des documents pour un travail d'équipe.<br>• Travailler en équipe sur un même dessin.<br>• Rédiger un texte avec la rétroaction des autres étudiants. | • Dropbox<br>• Intranet du collège<br>• Google Drive | www.dropbox.com<br><br>http://drive.google.com |
| **Dépôt de vidéos** | Espace de dépôt de vidéos en ligne où il est possible de partager l'accès. | • Déposer des :<br>  – ballado-diffusions<br>  – tutoriels<br>  – travaux sous forme de vidéos. | • YouTube<br>• Dailymotion<br>• Le monde en images<br>• Viméo | www.youtube.com<br><br>www.dailymotion.com<br><br>http://monde.ccdmd.qc.ca<br><br>www.video.com |
| **Dépôt de photos** | Espace de dépôt de photos en ligne où il est possible de partager l'accès. | • Créer une banque d'images pour une démonstration étape par étape. | • Flickr<br>• Picasa<br>• Le monde en images | www.flickr.com<br><br>http://picasa.google.com/<br><br>http://monde.ccdmd.qc.ca |
| **Marque-pages ou signets sociaux** | Banque de liens Web classés par des étiquettes (*tags*) et qu'il est possible de partager. | • Préparer un sujet de recherche.<br>• Se créer une communauté de pratique.<br>• Constituer une banque de références commentées. | • Delicious<br>• Diigo | https://delicious.com<br><br>www.diigo.com |

## Outils d'organisation ou de gestion

| CATÉGORIES D'OUTILS | DESCRIPTIONS | EXEMPLES D'UTILISATIONS PÉDAGOGIQUES | EXEMPLES D'OUTILS | SITES WEB |
|---|---|---|---|---|
| **Sondage ou consultation** | Outil sous forme de questionnaire qui permet la consultation. | • Obtenir une rétroaction.<br>• Planifier les besoins de stage. | • Doodle<br>• Survey Monkey<br>• Moodle | www.doodle.com<br><br>www.surveymonkey.com |
| **Calendrier électronique** | Système chronologique permettant de marquer les événements importants. | • Créer un échéancier.<br>• Planifier des rencontres d'équipe. | • Google Agenda<br>• Calendrier Microsoft<br>• Outlook | https://www.google.com/calendar |

## Environnement intégré

| CATÉGORIES D'OUTILS | DESCRIPTIONS | EXEMPLES D'UTILISATIONS PÉDAGOGIQUES | EXEMPLES D'OUTILS | SITES WEB |
|---|---|---|---|---|
| **Environnement numérique d'apprentissage** | Regroupe un ensemble d'applications et de logiciels informatiques au service de l'enseignement et de l'apprentissage. | • Examens en ligne.<br>• Forums de discussions<br>• Diffusion de matériel pédagogique | • Moodle<br>• LEA | http://moodle.collegahuntsic.qc.ca<br><br>https://collegeahuntsic.omnivox.ca |

**Outils de création et de diffusion**

| CATÉGORIES D'OUTILS | DESCRIPTIONS | EXEMPLES D'UTILISATIONS PÉDAGOGIQUES | EXEMPLES D'OUTILS | SITES WEB |
|---|---|---|---|---|
| **Présentation** | Application permettant de créer des diapositives. | • Présenter les résultats d'une recherche.<br>• Présenter les éléments clés d'un cours. | • Microsoft PowerPoint<br>• Prezi | http://office.microsoft.com/fr-fr/powerpoint/<br>www.prezi.com |
| **Site Web** | Site Internet où sont stockées des données accessibles par le Web[1]. | • Présenter de l'information. | • Weebly<br>• Wordpress | www.weebly.com<br>www.wordpress.com |
| **Blogue** | Site à caractère personnel où l'on publie des billets datés. | • Présenter des données d'actualité commentées<br>• Présenter des expériences de stage.<br>• Rédiger un journal de bord. | • Wordpress<br>• Blogger | www.wordpress.com<br>www.blogger.com |
| **Wiki** | Site Web collaboratif où le contenu est ajouté ou modifié par les usagers. | • Créer un environnement de mise en commun des éléments d'une recherche ou d'un travail. | • Mediawiki<br>• Wikispace<br>• Wiki Moodle | www.mediawiki.org/<br>http://www.wikispaces.com |
| **Médias sociaux** | Lieux d'échange, de création de contenus et de partage. | • Créer une communauté de pratiques.<br>• Créer un site de partage portant sur les contenus du cours. | • Facebook<br>• Twitter<br>• Google+ | www.facebook.com<br>www.twitter.com<br>https://plus.google.com |

---

1. *Grand Dictionnaire terminologique*, Fiche terminologique, site Web, réf. du 5 juillet 2012, http://.gdt.oqlf.gouv.qc.ca/ficheOqlf.aspx?Id_Fiche=2075741

Lorsque que j'entreprends un travail :

- je prends connaissance des consignes relatives au sujet . . . . . . . . . ☐
- j'utilise une technique éprouvée pour trouver mes idées
  et orienter ma réflexion (remue-méninges, schéma arborescent) . . . ☐
- j'établis un plan de travail selon un échéancier précis . . . . . . . . . . ☐

Pour la recherche documentaire :

- je vais à la bibliothèque . . . . . . . . . . . . . . . . . . . . . . . . . . ☐
- je consulte les bases de données . . . . . . . . . . . . . . . . . . . . . ☐
- je consulte les ressources en ligne (en utilisant les mots clés) . . . . . . ☐
- je me rends dans les centres de documentation . . . . . . . . . . . . ☐

Je vérifie la pertinence de mes sources . . . . . . . . . . . . . . . . . . . ☐

Je consigne les informations pertinentes dans des fiches appropriées . . . ☐

Lors d'un travail d'équipe, de concert avec mes coéquipiers :

- je m'assure de pouvoir communiquer efficacement avec eux
  (téléphone, courriel, communication en ligne) . . . . . . . . . . . . . ☐
- je trouve un lieu et un moment propices pour les réunions . . . . . . . ☐
- j'établis des règles de fonctionnement claires . . . . . . . . . . . . . . . ☐
- je m'assure que la répartition des tâches est équitable . . . . . . . . . ☐

# CHAPITRE 3

# STRUCTURER UN TEXTE

# LES PRINCIPALES PARTIES D'UN EXPOSÉ ÉCRIT

## La formulation des idées

La plupart des travaux écrits exigés dans les cours de formation générale comportent une structure composée de trois parties :

- une introduction ;
- un développement ;
- une conclusion.

Cette structure permet, à partir d'un sujet donné, de présenter une thèse (*thesis*) dont la démonstration doit prêter à la discussion et à l'argumentation.

Le développement se compose d'un ensemble d'idées dont la progression assure la qualité de la démonstration. Ces idées se définissent ainsi : les idées principales (*main ideas expressed as topic sentences*) et les idées secondaires (arguments) (*secondary ideas*). Ces idées sont constituées de deux parties :

- ce dont vous voulez parler (thème/*topic*) ;
- ce que vous voulez en dire (propos/*controlling idea*).

### Qu'est-ce qu'une thèse, une idée ?

Dans les travaux d'argumentation, le développement ne se limite pas à exprimer de simples faits, il présente aussi un ensemble d'idées et d'arguments, qui seront eux aussi illustrés par des exemples (actions, événements, etc.), dans le but d'apporter un point nouveau (celui de l'auteur du travail) sur une question. C'est une hypothèse qu'il émet et dont il tente de prouver la pertinence et la justesse. C'est pourquoi il importe de faire la distinction entre une idée et un fait.

### Caractéristiques principales d'une thèse

- L'idée directrice ou principale d'une thèse est subdivisée en **idées secondaires** ou en **arguments** qui la soutiennent.
- Les **arguments** ne sont **pas** des **exemples**, ce sont des justificatifs destinés à étayer et à soutenir l'hypothèse émise.
- L'exemple est un **fait** ayant pour fonction d'**illustrer** une idée.
- Il faut donc savoir **distinguer** une **idée** (*idea*) d'un **exemple** (*support*) qui est un **fait** (événements, actions, statistiques, anecdotes, etc.).

> **Idée** (concept) ≠ **Exemple** (fait)

**Idée** : La révolution socioéconomique africaine est favorisée par les technologies de l'information qui permettent une plus grande diffusion du savoir à faible coût.

**Exemple** : En effet, x % de la population peut se procurer un portable à une fraction du prix payé dans les pays occidentaux.

En 1905, Alfred Binet et Théodore Simon mettent au point l'un des premiers tests visant à mesurer l'intelligence des jeunes enfants. (Événement daté, fait concret, indiscutable.)

Les tests d'intelligence traditionnels, comme celui de Binet et Simon, ne sont pas un bon indicateur de réussite. (Énoncé d'une thèse prêtant à discussion.)

*Exemple d'idée mal formulée*

| | |
|---|---|
| D'abord les tests d'intelligence. | → Phrase sans groupe verbal, ne contenant qu'un thème et n'informant pas le lecteur de ce que vous allez en dire (absence de propos). |
| Je vais vous parler des tests d'intelligence. | → Même si cette phrase est grammaticalement complète, elle indique seulement le thème sans avoir de propos précis. |

*Exemple d'idée bien formulée*

| | |
|---|---|
| Les tests d'intelligence traditionnels ne tiennent pas compte des différents types d'intelligence. | → **Thème** (Ce dont on parle.)<br>→ **Propos** (Ce que l'on veut en dire.) |

## Le plan (*outline*)

La qualité d'un texte dépend en tout premier lieu de sa structure. C'est pourquoi le plan est un outil essentiel, car il permet d'ordonner logiquement votre propos en établissant des liens pertinents entre les idées, les arguments et les illustrations qui en découlent, ce qui permet au lecteur de suivre aisément le cours de votre pensée.

Dans un plan détaillé, les idées et les arguments sont, en principe, déjà formulés en phrases complètes, ce qui permet de passer directement à la rédaction finale du texte sans faire de brouillon. Cette stratégie efficace est plus que recommandée pour toute rédaction en classe dans un temps limité, comme c'est le cas, entre autres, pour l'épreuve uniforme de français.

Le **plan** suivant porte sur le **développement** de l'exposé écrit.

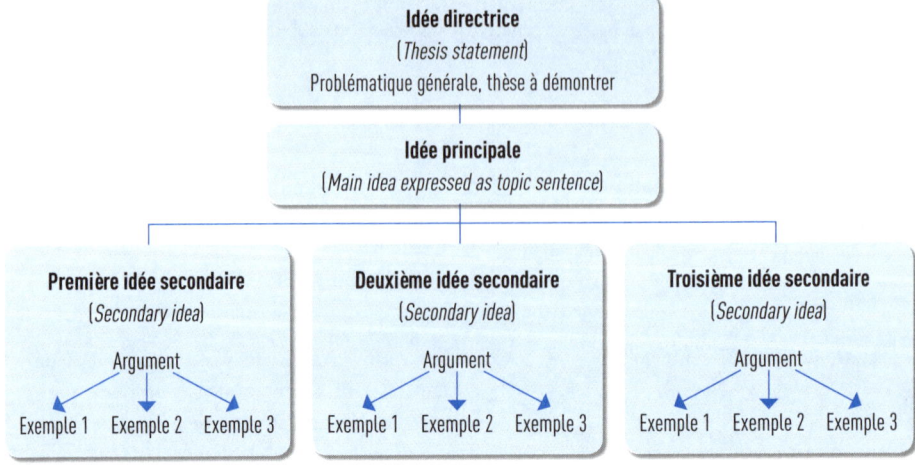

L'enseignant peut vous proposer un plus grand nombre d'idées ou d'exemples, ou l'inverse. *C'est le nombre d'arguments et d'exemples que vous avez choisis* qui détermine le nombre d'éléments de votre plan. Cependant, chaque idée principale doit être organisée selon le schéma ci-dessus.

## LES TYPES DE PLAN

Plusieurs types de plan peuvent vous être proposés au cours de votre formation.

### Le plan dialectique

Une dissertation dialectique porte généralement sur un seul texte. Le sujet de ce type de dissertation est habituellement formulé comme une simple question ou comme une affirmation qu'il faut commenter.

*Exemples*

> *Le Roi se meurt* d'Eugène Ionesco est une pièce absurde à tous points de vue. Critiquez cette affirmation.
>
> OU
>
> Est-il juste de dire que *Le Roi se meurt* d'Eugène Ionesco est une pièce absurde à tous points de vue ?

Le développement d'une dissertation de type dialectique comporte trois parties :

- thèse ;
- antithèse ;
- synthèse.

Chacune des trois parties comporte une prise de position par rapport au sujet posé. Généralement, la thèse répond affirmativement à la question. L'antithèse **nuance** la thèse en présentant des arguments contraires aux précédents.

La synthèse propose:

- une position nuancée qui «concilie» les arguments exposés dans la thèse et l'antithèse;
- ou une position qui propose une «alternative» aux positions affirmées dans la thèse et l'antithèse tout en demeurant étroitement liée à celles-ci.

## Le plan analogique

Le plan analogique s'impose quand le sujet comporte une comparaison entre deux textes selon un point de vue donné (thématique, stylistique, etc.).

### Exemple

Le thème de l'errance que l'on trouve dans *Le Survenant* de Germaine Guèvremont est-il illustré de façon similaire dans *Bonheur d'occasion* de Gabrielle Roy?

Les trois parties d'un plan analogique sont les suivantes.

Première partie: on met en évidence les **ressemblances** entre les deux textes (ou l'inverse).

Deuxième partie: on met en évidence les **différences** entre les deux textes (ou l'inverse).

Troisième partie: on établit l'analogie entre les parties en guise de synthèse en expliquant notamment l'origine et les raisons qui font que ces textes sont semblables ou dissemblables.

## Le plan chronologique

Utilisé fréquemment en histoire, le plan chronologique a pour but de structurer la réflexion sur une problématique, sur la présentation des caractéristiques d'une période spécifique ou sur l'explication d'un phénomène au cours d'une ou de plusieurs époques, en présentant les arguments suivant un ordre chronologique.

Les parties seront définies et traitées ainsi:

- origines lointaines;
- origines récentes;
- périodes successives: (ex.: Moyen Âge, Renaissance, Temps modernes);
- époque contemporaine.

**ÉNONCÉ**

Étudiez les notions d'enfance et d'adolescence de la Révolution française à nos jours.

# L'introduction

L'introduction a pour but de présenter au lecteur le sujet sur lequel vous allez écrire. Elle contient généralement trois parties logiquement liées et que l'on peut disposer en un seul paragraphe ou en trois paragraphes distincts désignés ainsi:

- sujet amené;
- sujet posé;
- sujet divisé.

**Longueur**

Une introduction adéquate représente habituellement 10 à 15 % de la totalité du travail, soit de 80 à 130 mots dans un texte qui en compte entre 800 et 900 au total.

## LES PARTIES DE L'INTRODUCTION

### Le sujet amené (*grabber/hook and background*)

Comme les termes anglais ci-dessus l'illustrent parfaitement, le sujet amené a pour but d'«accrocher» le lecteur et de susciter son intérêt en l'amenant progressivement à prendre connaissance de la problématique posée par la suite. Il s'agit d'un préambule étroitement lié au sujet et dont le contenu peut varier en fonction de la discipline étudiée.

Le sujet amené **peut contenir** les éléments suivants :

| | | |
|---|---|---|
| (*Grabber*) | • Anecdote<br>• Description d'une situation<br>• Expression d'un point de vue surprenant | Le tout lié au sujet posé. |
| (*Background*) | • Présentation d'éléments contextuels (époque, courant esthétique ou littéraire)<br>• Présentation de l'auteur et de son œuvre<br>• Propos de l'œuvre ou du texte à l'étude | Le tout lié au sujet posé. |
| (*Background*) | • Présentation du sujet général<br>• Contexte et cadre de la recherche<br>• Intérêt du sujet | Le tout lié au sujet posé. |

Évitez les généralisations et les banalités, les évidences ou les contresens.
• *As everyone knows, violence has always been a part of society.*
• Pendant l'Antiquité, les vieux mouraient jeunes. C'est pourquoi les philosophes ont parlé de la mort.
• Depuis le début des temps, les humains ont toujours cherché à se divertir en allant au cinéma.

Vérifiez auprès de l'enseignant ses exigences concernant le sujet amené.

### Le sujet posé (*thesis statement*)

Partie de l'introduction où vous devez annoncer de façon claire et précise le sujet proprement dit de votre travail (thèse ou problématique) et la manière dont il sera traité. Vous pouvez :

• formuler la question, l'hypothèse ou l'angle sous lequel vous aborderez le sujet ;

• reprendre la formulation initiale du sujet en adaptant la syntaxe à celle de votre texte ;

• reformuler le sujet dans vos propres mots ;

• faire une phrase déclarative qui devient alors l'idée directrice de la démonstration ;

- formuler le sujet tel que posé dans la question et proposer d'y répondre au cours du développement ;

- exposer immédiatement, par une phrase déclarative, la thèse ou l'opinion que vous voulez défendre. **Attention** : cette phrase n'est ni une question ni l'énoncé d'un fait.

Vérifiez auprès de l'enseignant les consignes pour ce qui a trait à la formulation du sujet posé. Par exemple, demandez-lui s'il préfère une phrase déclarative ou interrogative.

### Le sujet divisé (*overview/preview*)

Cette troisième partie de l'introduction annonce le plan du développement, c'est-à-dire **uniquement les idées principales** et **l'ordre** dans lequel elles seront traitées.

Dans les travaux en anglais, la présence ou l'absence du sujet divisé varie selon la nature du travail. On peut l'inclure dans le sujet posé. On peut aussi ne pas le mentionner : l'introduction est alors constituée seulement de deux parties, le sujet amené (*grabber/hook and background*) et le sujet posé (*thesis statement*).

Évitez les phrases vides de contenu, par exemple :
*Nous traiterons le sujet avec deux idées principales, deux idées secondaires, des exemples et une conclusion.*

## Le développement (*body*)

### LA STRUCTURE

Selon le type et l'ampleur du texte, le développement sera subdivisé en grandes parties surmontées d'un titre ou simplement constitué d'une suite de **paragraphes**.

### Le paragraphe

- Unité du texte, tant sur le plan graphique que sur le plan sémantique (sens, contenu).

- Graphiquement, le paragraphe forme un bloc de texte séparé des autres paragraphes. L'utilisation de l'alinéa au début est facultative, mais le retour à la ligne, à la fin, est **obligatoire.**

- Au point de vue du sens, le paragraphe présente **une seule idée** (argument). Cette idée est énoncée, expliquée, illustrée et commentée.

Il existe diverses façons de composer un paragraphe. Le **paragraphe logique** (*coherent paragraph*) est généralement une idée principale structurée selon l'enchaînement logique des idées secondaires ou des arguments qui en découlent. Il peut constituer un texte autonome. Il sera donc très utile pour structurer une réponse à une question à développement.

Selon l'importance de l'argumentation, ce type de paragraphe se trouve sous deux formes : le **paragraphe simple** et le **paragraphe complexe**.

### Le paragraphe simple

Le paragraphe simple est composé d'un seul argument (idée), soutenu par des explications illustrées par des faits (exemples). Une conclusion partielle termine ce paragraphe en résumant brièvement le propos et peut comporter une transition vers le paragraphe suivant. Si ce paragraphe constitue un argument au sein d'une idée principale, il ne comporte pas de clôture. L'argument suivant sera introduit par un marqueur de relation approprié.

### Structure du paragraphe simple

- Idée principale (*main idea expressed as topic sentence*).
- Explication (*explanation*).
- Illustration à l'aide d'exemples (*support*).
- Phrase de clôture : brève conclusion (*concluding statement and transition*).

### Le paragraphe complexe

Habituellement exigé dans les travaux servant à la formation générale et complémentaire, ce type de paragraphe comporte en principe de 200 à 250 mots ainsi que les caractéristiques et éléments suivants :

- **une idée principale** soutenue par au plus trois **idées secondaires**, appelées aussi **arguments** ;
- ces idées sont illustrées par des **faits** ou des **exemples précis** (citations) ;
- chaque exemple doit systématiquement être justifié par un **commentaire** (explication ou analyse des éléments importants du texte ou du fait cité) qui assure sa pertinence ;
- une **clôture** ou conclusion partielle rappelle brièvement l'argumentation développée dans le paragraphe. Elle peut également assurer la transition avec le paragraphe complexe suivant.

### Structure du paragraphe complexe

| Idée principale 1 | Idée principale 2 |
|---|---|
| **1re idée secondaire** (Argument) | **1re idée secondaire** (Argument) |
| **1er exemple** Contexte Illustration (citation) Commentaire (justification) | **1er exemple** Contexte Illustration (citation) Commentaire (justification) |
| **2e exemple** Contexte Illustration (citation) Commentaire (justification) | **2e exemple** Contexte Illustration (citation) Commentaire (justification) |
| **3e exemple** Contexte Illustration (citation) Commentaire (justification) | **3e exemple** Contexte Illustration (citation) Commentaire (justification) |

| 2ᵉ idée secondaire | 2ᵉ idée secondaire |
|---|---|
| (Argument) | (Argument) |
| **1ᵉʳ exemple** | **1ᵉʳ exemple** |
| Contexte | Contexte |
| Illustration (citation) | Illustration (citation) |
| Commentaire (justification) | Commentaire (justification) |
| **2ᵉ exemple** | **2ᵉ exemple** |
| Contexte | Contexte |
| Illustration (citation) | Illustration (citation) |
| Commentaire (justification) | Commentaire (justification) |
| **3ᵉ exemple** | **3ᵉ exemple** |
| Contexte | Contexte |
| Illustration (citation) | Illustration (citation) |
| Commentaire (justification) | Commentaire (justification) |

**Clôture**

Chaque idée principale doit comporter une **conclusion partielle** qui résume brièvement le propos et qui peut comporter une transition introduisant le prochain paragraphe, à moins que cette transition figure au début de ce dernier.

Dans les dissertations critiques ou philosophiques, le paragraphe complexe présente une troisième idée principale (synthèse) qui est structurée de la même façon que les deux premières (thèse et antithèse).

**Présentation des exemples**

On doit **introduire** un exemple en le **situant** dans son **contexte**. On doit ensuite le **produire** (citation, description d'un objet ou d'un phénomène, événement) et enfin le **commenter** (explication ou analyse des éléments importants de l'exemple justifiant son lien avec l'idée énoncée). Pour en savoir davantage, référez-vous au chapitre 4 : « **Intégrer des citations et citer des auteurs sans plagier** ».

**Critères d'évaluation d'un paragraphe**

- **Unité de sens :** On considère généralement qu'un paragraphe ne se développe qu'autour d'une seule idée ou autour d'un seul argument.
- **Cohérence :** Tous les arguments ou idées secondaires ainsi que leurs exemples respectifs doivent avoir un rapport logique avec l'idée principale.
- **Pertinence :** Les exemples doivent illustrer adéquatement les idées, et ce, de façon significative.
- **Ordre :** Les idées secondaires doivent être organisées en fonction d'un fil conducteur déterminé par la progression linéaire de l'argumentation.

**Principaux types de progression de l'argumentation**

Progression chronologique (ordre initial des éléments d'un texte)

Progression sélective (sans tenir compte de l'ordre initial des éléments d'un texte) :

- du général au particulier ;
- du moins important au plus important (ou l'inverse) ;
- du positif au négatif.

## La conclusion

La conclusion est l'aboutissement de votre travail. Elle est constituée de deux ou trois parties qui, selon les cas, forment un seul paragraphe ou des paragraphes distincts.

**Longueur**

Une conclusion adéquate représente habituellement 10 % de la totalité du travail, soit 80 mots dans un texte qui en compte entre 800 et 900.

### LES DIFFÉRENTES PARTIES D'UNE CONCLUSION

**La synthèse ou le bilan (*main points restated*)**

**La synthèse** est un court résumé des grandes lignes du développement, ce qui permet au lecteur de **retenir l'essentiel**.

Si votre introduction incluait une question, une hypothèse ou une problématique, vous devez fournir une réponse à la question posée au préalable ou encore confirmer ou infirmer votre hypothèse de départ.

La conclusion ne doit ni ajouter des informations supplémentaires ni contredire la thèse déjà présentée.

**L'ouverture sur un sujet connexe (*final comment, suggestion, prediction or recommendation*)**

Court texte offrant de nouvelles pistes de réflexion liées au sujet traité, c'est-à-dire :

- proposer une réflexion élargie sur un des aspects du développement ;
- établir un lien avec une autre œuvre qui aborde le même thème ;
- proposer une réflexion sur le contexte du sujet étudié (aspect historique, esthétique, etc.) ;
- indiquer la portée actuelle du sujet étudié ou de la problématique examinée.

Vérifiez auprès de l'enseignant ses attentes en ce qui a trait à la formulation de l'ouverture sur un sujet connexe. Selon le type de travail, il vous suggérera de recourir à des tournures interrogatives ou, au contraire, vous demandera de les éviter.

Pour bâtir mon plan :

- je dresse une liste des exemples (citations) nécessaires à mon argumentation . . . . . . . . . . . . . . . . . . . . . . . . . ☐
- je structure mon argumentation à l'aide d'un plan convenant au sujet traité . . . . . . . . . . . . . . . . . . . . . . . . . . . . ☐
- je formule brièvement mais clairement mes idées et mes arguments . . . . . . . . . . . . . . . . . . . . . . . . . . . ☐
- je m'assure de la pertinence de mes exemples et de leur place dans le plan. . . . . . . . . . . . . . . . . . . . . ☐
- je m'assure de la succession logique des différents éléments de mon plan . . . . . . . . . . . . . . . . . . . . . . . . . . . . ☐

Dans l'introduction :

- je m'assure que les informations contenues dans le *sujet amené* sont liées au *sujet posé* . . . . . . . . . . . . . . . . . . . . . . . . ☐
- je formule adéquatement le sujet posé en m'assurant que tous les éléments contenus dans la question initiale y figurent. . . ☐
- j'annonce clairement les principaux axes de ma réflexion . . . . . . . . ☐

Dans chacun des paragraphes du développement :

- je m'assure de respecter l'ordre de succession des éléments . . . . . . . ☐

Dans ma conclusion :

- je m'assure d'avoir résumé sommairement l'ensemble de ma réflexion sans ajouter d'éléments nouveaux . . . . . . . . . . . ☐
- je propose une réflexion élargie sur le sujet traité en établissant un lien entre certains éléments du texte et des connaissances générales appropriées . . . . . . . . . . . . . . . . . . . . . . . . . ☐

# CHAPITRE 4

# INTÉGRER DES CITATIONS ET CITER DES AUTEURS SANS PLAGIER

# LES PRINCIPES D'UTILISATION DES CITATIONS

Une citation fait intimement partie d'un texte et contribue grandement à la progression d'une argumentation. Elle permet d'illustrer les idées et de justifier de façon pertinente le contenu du développement du texte, afin de défendre une thèse ou de résoudre une problématique.

Le nombre des citations ainsi que leur longueur doivent être limités, à moins qu'il s'agisse d'un texte critique portant sur les idées d'un auteur ou de l'étude d'une œuvre d'une certaine ampleur (article de fond, mémoire, thèse). Enfin, une citation ne saurait se justifier par elle-même. Il incombe au rédacteur de l'introduire de façon adéquate et de la commenter, c'est-à-dire d'en analyser et d'en expliquer le contenu.

## Les buts de la citation

- Compléter sa pensée.
- Renforcer son argumentation.
- Préciser les idées ou la pensée du rédacteur par l'utilisation judicieuse d'un ou de plusieurs mots formulés antérieurement par un auteur dont l'œuvre est à l'étude ou par une autorité compétente en la matière.

## La fidélité de la citation

Quelle que soit la citation utilisée, il importe au rédacteur d'être fidèle à la pensée de l'auteur cité, c'est-à-dire de ne pas déformer ses propos et de ne pas trahir sa pensée.

## Les liens grammatical et syntaxique

Une citation doit être incorporée dans un texte de façon harmonieuse, sans rupture syntaxique ou grammaticale. Le rédacteur veillera particulièrement à faire concorder les temps des verbes contenus dans son développement avec ceux de la citation, et à bien intégrer dans la structure de ses phrases les différentes citations, qu'elles soient abrégées ou non.

# LES DIFFÉRENTS TYPES DE CITATIONS

## La citation d'idée ou paraphrase

Texte écrit par l'étudiant en ses propres termes et ayant pour but de résumer le passage, l'extrait ou les idées d'un auteur sans les citer intégralement. Ce type de citation permet à l'étudiant de résumer les propos d'un auteur sans rompre l'unité et le rythme de son propre texte. **Il est cependant impératif d'en indiquer la source par une note en bas de page, comme pour tout autre genre de citation.**

> Selon Blaise Pascal, la nature est composée d'une infinité d'univers tous régis de la même façon que celui dans lequel nous évoluons, qu'ils soient infiniment grands ou infiniment petits\*.
>
> \* Blaise Pascal, « Misère de l'homme sans Dieu », *Pensées*, Paris, Librairie Générale Française, 1973, p. 27.

## La citation textuelle

Passage tiré de l'œuvre d'un auteur et que l'on reproduit intégralement ou en partie, en respectant la ponctuation et la construction syntaxique, et éventuellement les erreurs qui s'y trouvent.

### LA CITATION COURTE

La citation courte (moins de trois lignes[1] ou moins de cinq lignes[2] selon les ouvrages méthodologiques) est intégrée dans le texte et doit **toujours** être mise entre guillemets (« »).

**La citation courte intégrale**

La citation d'une phrase graphique complète est introduite par une phrase complète suivie du deux-points ( : ). Les guillemets doivent encadrer la phrase. Les guillemets fermants se placent **après** le point.

> Le premier chapitre du *Tristan et Iseut* de Joseph Bédier commence par une question que le conteur pose à son auditoire : « **Seigneurs, vous plaît-il d'entendre un beau conte d'amour et de mort**?[3] »

**La citation courte partielle**

Si la citation n'est constituée que d'une partie ou de quelques mots d'une phrase, **seuls les mots composant la citation** sont encadrés par des guillemets. On ne commence donc **jamais** une citation par [...]. Le point final de la citation tient lieu de ponctuation finale de la phrase. Il vient après les guillemets fermants, car il s'agit de **la fin de la phrase du développement**, et non de celle de la citation.

**Citation d'une phrase incomplète**

> Dans le premier chapitre du *Tristan et Iseut* de Joseph Bédier, le conteur demande à son auditoire s'il lui plairait « **d'entendre un beau conte d'amour et de mort**[4] ».

---

1. Marie Malo, *Le Guide de la communication écrite au cégep, à l'université et en entreprise*, Montréal, Québec/Amérique, 1996, p. 30.
2. Bernard Dionne, *Pour réussir. Guide méthodologique pour les études et la recherche*, 5ᵉ édition, Laval, Beauchemin, 2008, p. 241.
3. *Tristan et Iseut*, version de Joseph Bédier, Laval, Beauchemin, coll. « Parcours d'une œuvre », 2001, p. 11.
4. *Ibid.*, p. 11.

**Citation d'un champ lexical**

> Plusieurs mots sont employés pour exprimer la luminosité de l'épée de Durendal, comme « **claire** », « **éclatante** », « **brille** » et « **flamboie[1]** ».

**Citation de mots ou de phrases incomplètes, modification de textes**

> Pour souligner la médiocrité de la pension Vauquer, Balzac évoque « *l'odeur de pension* » qui « **sent le renfermé, le moisi, le rance** » et qui « **a le goût d'une salle où l'on a dîné** », la laideur « **des gravures exécrables qui ôtent l'appétit** », et enfin l'aspect collant de la « **toile cirée assez grasse pour qu'**[on] **y écrive son nom en se servant de son doigt comme d'un stylet[2]** ».

> Pour souligner la médiocrité de la pension Vauquer, Balzac en décrit le mobilier qu'il qualifie non seulement de « **vieux, crevassé** » et « **pourri** », mais également de « **manchot, borgne, invalide** » et « **expirant[3]** ».

**4** **Suppression ou ajout de mots**

Les mots supprimés ou ajoutés dans une phrase sont indiqués par des crochets : […] ou [mots ajoutés].

La suppression d'un ou de plusieurs paragraphes se fait au moyen d'une ligne pointillée : ..............

**Abréger une citation**

*Exemple de citation intégrale*

> Quel désastre qu'une âme angoissée par l'avenir, malheureuse avant le malheur, inquiète à l'idée de ne pas pouvoir garder jusqu'au bout les choses qu'elle aime ! Car elle n'aura jamais un instant de repos, et l'attente du lendemain lui ôtera tout sentiment de ce présent dont elle aurait pu jouir : le chagrin d'avoir perdu un bien et la crainte de le perdre sont une seule et même chose[4].

*Exemple de citation abrégée*

> Sénèque déplore le fait qu'une « **âme [soit] angoissée par l'avenir** […] **car elle n'aura jamais un instant de repos** ». Selon lui, « **le chagrin d'avoir perdu un bien et la crainte de le perdre sont une seule et même chose[5]** ».

---

1. *La Chanson de Roland*, texte présenté, traduit et commenté par Jean Dufournet, Paris, GF-Flammarion, 1993, p. 243.
2. Honoré de Balzac, *Le Père Goriot*, Paris, Gallimard, coll. « Folio Classique », 1999, p. 27-28.
3. *Ibid.*, p. 27.
4. Sénèque, « Lettres à Lucilius » dans Christian Boissinot et autres, *L'Art de vivre : les stoïciens et Épicure*, traduction de Janick Auberger et Georges Leroux, Montréal, Éditions CEC, 1998, p. 88.
5. *Ibid.*, p. 88.

### Citation abrégée et respect de la syntaxe

Et, quand le soir tomba, sur la nef qui bondissait plus rapide vers la terre du roi Marc, liés à jamais, ils s'abandonnèrent à l'amour[1].

> Tristan et Iseut ne peuvent résister bien longtemps au pouvoir merveilleux du philtre : « **Et, quand le soir tomba,** [ … ] **ils s'abandonnèrent à l'amour**[2]. »

### Citation modifiée en fonction de la syntaxe du texte

Tristan vint vers la reine et tâchait de calmer son cœur. Comme le soleil brûlait et qu'ils avaient soif, ils demandèrent à boire[3].

> Lorsque Tristan et Iseut « **demand[ent] à boire**[4] », ils ne se doutent pas qu'ils s'apprêtent à commettre une erreur fatale.

## LES CITATIONS LONGUES

Qu'elles soient intégrales ou abrégées, les citations longues comportant plus de trois[5] ou cinq lignes[6] sont mises *en retrait du corps du texte*. En principe, elles comportent des marges de chaque côté même si la marge droite reste facultative. Les citations longues sont écrites à simple interligne et ne sont pas encadrées de guillemets.

### Citation intégrale (plus de trois ou cinq lignes)

> Mais Vermeer, comme il sait entrecroiser les axes, espacer les aires, reporter les volumes sur les surfaces, est aussi passé maître dans l'art d'envelopper le point dans une courbe. Voyez cette dentellière (au Louvre) appliquée à son tambour, où les épaules, la tête, les mains avec leur double atelier de doigts, tout vient aboutir à cette pointe d'aiguille : ou cette pupille au centre d'un œil bleu qui est la convergence de tout un visage, de tout un être, une espèce de coordonnée spirituelle, un éclair décoché par l'âme[7].

---

1. Tristan et Iseut, version de Joseph Bédier, éd. présentée, annotée et analysée par T. H. Penny Benarrosh, Laval, Beauchemin, coll. « Parcours d'une œuvre », 2001, p. 52.
2. *Ibid.*, p. 52.
3. *Ibid.*, p. 48.
4. *Ibid.*
5. Marie Malo, *op. cit.*, p. 31.
6. Bernard Dionne, *op. cit*, p. 241.
7. Paul Claudel, *La Peinture hollandaise et autres écrits sur l'art*, Paris, Gallimard, coll. « Idées », 1967, p. 45.

**Citation abrégée (plus de trois ou cinq lignes)**

Dans l'extrait suivant, Paul Claudel loue certaines qualités picturales qu'il retrouve chez Vermeer, notamment dans le tableau *La Dentellière*.

Mais Vermeer […] est […] passé maître dans l'art d'envelopper le point dans une courbe. Voyez cette dentellière (au Louvre) appliquée à son tambour, où les épaules, la tête, les mains […] tout vient aboutir à cette pointe d'aiguille ; ou cette pupille au centre d'un œil bleu qui est la convergence de tout un visage […] un éclair décoché par l'âme[1].

**Citation intégrale (plus de trois ou cinq lignes)**

Enfin il fut devant le Vermeer qu'il se rappelait plus éclatant, plus différent de tout ce qu'il connaissait, mais où, grâce à l'article du critique, il remarqua pour la première fois des petits personnages en bleu, que le sable était rose, et enfin la précieuse matière du tout petit pan de mur jaune[2].

**Citation abrégée (moins de trois lignes)**

Proust, à sa manière, évoque le célèbre « jaune » du peintre hollandais Vermeer, lors de la mort subite de Bergotte, devant la *Vue de Delft* :

« **Enfin il fut devant le Vermeer […] où, […] il remarqua pour la première fois des petits personnages en bleu, que le sable était rose, et enfin la précieuse matière du tout petit pan de mur jaune[3]. »**

## LA CITATION D'UN TEXTE POÉTIQUE

*Épigramme*

L'autre jour au fond d'un vallon
Un serpent piqua Jean Fréron.
Que croyez-vous qu'il arriva ?
Ce fut le serpent qui creva[4].

**Citation de deux vers ou moins**

Dans les deux derniers vers de son épigramme adressée à Jean Fréron, un de ses contemporains, Voltaire souligne le caractère « empoisonnant » de son rival : « **Que croyez-vous qu'il arriva ?/ Ce fut le serpent qui creva[5].** »

---

1. Ibid.
2. Marcel Proust, *La Prisonnière*, Paris, GF-Flammarion, 1984, p. 285.
3. *Ibid.*
4. Voltaire, « Sur Jean Fréron », *Quarante siècles d'épigrammes, poèmes courts intemporels, poésie française et citations*, réf. du 2 avril 2012, épigramme.fr/auteurs/v/voltaire/sur-jean-freron.html
5. *Ibid.*

OU

Dans les deux derniers vers de son épigramme adressée à Jean Fréron, un de ses contemporains, Voltaire souligne le caractère « empoisonnant » de son rival :

**Que croyez-vous qu'il arriva ?**
**Ce fut le serpent qui creva[1].**

## Citation de deux vers et plus

Dans le quatrain suivant, Baudelaire fait des chats des compagnons recherchés par des êtres aux occupations diamétralement opposées :

Les amoureux fervents et les savants austères

Aiment également, dans leur mûre saison,

Les chats puissants et doux, orgueil de la maison

Qui comme eux sont frileux et comme eux sédentaires[2].

## LES CITATIONS PARTICULIÈRES

### Citation de seconde main

Citation d'un auteur que l'on a trouvée dans l'ouvrage d'un autre auteur.

Mircea Eliade écrit « qu'il est impossible de nier que les épreuves et les aventures des héros et des héroïnes des contes de fées soient presque toujours traduites en termes initiatiques[1] ».

_____
1. Mircea Eliade, *Birth and Rebirth*, New York, Harper and Row, 1963, **cité par** Bruno Bettelheim, *Psychanalyse des contes de fées*, Paris, Hachette, coll. « Pluriel », 1993, p. 60.

### Citation de second rang

La citation de second rang est contenue dans une autre citation.

« Si Dieu n'existait pas tout serait permis. » Cette citation, cri de ralliement du nihilisme, et que l'on attribue très justement à Dostoïevski, n'existe pas en tant que telle (c'est-à-dire sous cette forme vulgarisée). En effet, elle n'est que la condensation d'un passage des *Frères Karamazov*, dans lequel Dimitri (l'un des trois frères) s'exprime ainsi : « Que faire si Dieu n'existe pas, si Rakitine a raison de prétendre que c'est une idée forgée par l'humanité ? Dans ce cas l'homme serait le roi de la terre, de l'univers. Très bien ! Seulement, comment sera-t-il vertueux sans Dieu ? Je me le demande [… ] Alors tout est permis ?[3] »

_____
1. *Ibid.*
2. Charles Baudelaire, « Les Chats », dans *Les Fleurs du Mal*, Montréal, ERPI, 2006, p. 60.
3. Anonyme, qui cite Dostoïevski, *Les Frères Karamazov*, http://www.philo52.com/articles.php?lng=fr&pg=185

**Correction dans une citation**

Le [*sic*] est un mot latin qu'on rencontre parfois dans les citations et qui indique un oubli ou un mot erroné que l'on a repéré dans le texte cité. Notez qu'il s'écrit en italique et entre crochets.

> On remarque dans le texte suivant des erreurs tel [*sic*] que des marques de pluriel erronées.

Note : Dans le cas de textes anciens, on évite d'abuser de cette marque, pour tenir compte de l'orthographe de l'époque.

Dans le cas de coquilles (des fautes typographiques), on corrige l'erreur sans la mentionner.

**Incise**

L'incise est une proposition intercalée dans une phrase de la citation.

L'incise courte : On inclut celle-ci dans la citation sans mettre de guillemets supplémentaires.

> À l'issue de son périple, Saad se décrit comme « juste clandestin et, **ajoute-t-il**, certains jours, j'ai l'impression de devenir étranger à l'espèce humaine[1] ».

L'incise longue : On guillemette les deux segments de la citation.

> Au cours de sa visite à M. de Fécour, Jacob, le héros du roman *Le Paysan parvenu,* remarque le mépris que lui témoignent les personnes présentes et il note : « De sorte que j'étais là comme un spectacle sans valeur », **ce qui le mortifie profondément surtout lorsqu'il constate que l'un d'entre eux,** « d'un air pensif et occupé, fixait les yeux sur [lui] comme sur un meuble ou sur une muraille, et de l'air d'un homme qui ne songe pas à ce qu'il fait[2]. »

**Mise en valeur des éléments de la citation**

*Respect*

On doit respecter les mises en valeur (italique, gras, majuscules, soulignements, etc.) de l'auteur cité.

*Source*

On doit indiquer entre parenthèses qui fait la mise en valeur : (C'est nous qui soulignons), (Mis en italique par l'auteur), (Souligné par l'auteur).

> « J'écris maintenant d'esquisse en esquisse : c'est le moyen de ne pas perdre tout à fait le fil, dans une machine si compliquée sous son apparence simple[3] » (c'est nous qui soulignons).

---

1. Éric-Emmanuel Schmitt, *Ulysse from Bagdad*, Paris, Albin Michel, 2008, p. 11.
2. Marivaux, *Le Paysan parvenu*, édition d'Henri Coulet, Paris, Gallimard, coll. « Folio Classique », 1981, p. 262.
3. Gustave Flaubert, « Lettre à Louise Colet, 26 octobre 1852 », *Correspondance*, vol. II, Paris, Gallimard, coll. « Bibliothèque de la Pléiade », 1980, p. 173.

## Citations en langue étrangère

Les mêmes règles de présentation s'appliquent, mais le texte cité doit être mis en italique.

> Dans l'incipit de son roman *Don Quichotte de la Manche,* Cervantes présente son héros en ces termes : « *En un lugar de la Mancha, de cuyo nombre no quiero acordarme, no ha mucho tiempo que vivía un hidalgo de los de lanza en artillero, adarga antigua, rocín flaco y galgo corredor*[1]. » (« En un village de la Manche, du nom duquel je ne veux me souvenir, demeurait, il n'y a pas longtemps, un gentilhomme de ceux qui ont lance au râtelier, targe antique, roussin maigre et lévrier bon coureur[2]. »)

## Citation en langue étrangère de plus de trois ou cinq lignes

Les mêmes règles de présentation qu'en français s'appliquent. Cependant, la traduction figurera dans les notes en bas de page.

## Place des guillemets dans le texte cité

Lorsque la citation forme une phrase complète, les guillemets fermants se placent *après* le point de la phrase graphique.

> « Enfin il fut devant le Vermeer [...] où, [...] il remarqua pour la première fois des petits personnages en bleu, que le sable était rose, et enfin la précieuse matière du tout petit pan de mur jaune[3]. »

Lorsque la citation partielle complète une phrase, les guillemets précèdent le point.

> Selon Sénèque, « le chagrin d'avoir perdu un bien et la crainte de le perdre sont une seule et même chose[4] ».

### *Guillemets à employer selon la langue du texte*

En français, il est d'usage d'employer les chevrons (« »), alors qu'en anglais, on utilise les guillemets droits (" " ou " ").

### *Citation contenant déjà des guillemets*

Emploi de deux types de guillemets afin de bien distinguer deux textes.

> « Dostoïevski avait écrit : "Si Dieu n'existait pas, tout serait permis." C'est là le point de départ de l'existentialisme. En effet, tout est permis si Dieu n'existe pas, et par conséquent, l'homme est délaissé, parce qu'il ne trouve ni en lui ni hors de lui une possibilité de s'accrocher[5]. »

---

1. Miguel de Cervantes, *El ingenioso hidalgo Don Quijote de la Mancha*, 29e édition, Madrid, Espasa-Calpe, « coll. Austral », 1981, p. 19.
2. Miguel de Cervantès, *Don Quichotte,* préface de Jean Canavaggio, traduit par César Oudin, revu par Jean Cassou, Paris, Gallimard, coll. « Folio Classique », 1988, p. 67.
3. Marcel Proust, *op. cit.*, p. 285.
4. Sénèque, *op. cit.*, p. 88.
5. Jean-Paul Sartre, *L'Existentialisme est un humanisme*, Paris, Nagel, 1970, p. 36.

## Introduire une citation

Respecter les règles de présentation des citations est une chose. Introduire ces citations de façon intelligible pour le lecteur en est une autre. Il s'agit de situer la citation dans son contexte, c'est-à-dire de donner des renseignements minimaux sur la place de la citation dans le récit, d'en résumer brièvement le contenu, de préciser le locuteur ou le narrateur figurant dans la citation.

### QUELQUES ERREURS COURANTES

| CONTEXTE ABSENT | CORRECTION |
|---|---|
| En premier lieu, le vaudeville est un genre de comédie fondé sur l'adultère. *L'extrait suivant en est la preuve* : « Cette femme, évidemment amoureuse de Maxime, cette femme, maîtresse de son mari, liée secrètement au vieux vermicellier, lui semblait tout un mystère[1]. » | En premier lieu, le vaudeville est un genre de comédie fondé sur l'adultère. **On peut le constater lors de la visite de Rastignac à la comtesse de Restaud. En effet, lorsque Rastignac observe le trio formé par le comte de Restaud, son épouse et son rival, Maxime de Trailles, sa curiosité grandit à l'égard de la comtesse qu'il s'est proposé de séduire** : « Cette femme, évidemment amoureuse de Maxime, cette femme, maîtresse de son mari, liée secrètement au vieux vermicellier, lui semblait tout un mystère[2]. » |
| Durant la soirée, la vicomtesse a un regard inexpressif qui ne révèle aucun indice sur la nature de ses sentiments. *Aussi*, « son sourire à ses amis intimes fut parfois railleur, mais elle parut à tous semblable à elle-même, et se montra si bien ce qu'elle était quand le bonheur la parait de ses rayons que les insensibles l'admirèrent[3] ». | Durant la soirée, la vicomtesse a un regard inexpressif qui ne révèle aucun indice sur la nature de ses sentiments. **En effet, le narrateur précise que, face aux invités qui viennent la saluer et la voir souffrir**, « son sourire à ses amis intimes fut parfois railleur, mais elle parut à tous semblable à elle-même, et se montra si bien ce qu'elle était quand le bonheur la parait de ses rayons que les plus insensibles l'admirèrent[4] ». |
| Dans la lettre LV des *Lettres persanes*, Rica constate l'absence de jalousie au sein des couples. *Premièrement, lorsqu'on parle des infidélités* : « Ici, les maris [...] regardent les infidélités comme les coups d'une étoile inévitable[5]. » | Dans la lettre LV des *Lettres persanes*, Rica constate l'absence de jalousie au sein des couples. **Rica explique cette indifférence par le fatalisme des Français à l'égard de l'infidélité de leurs épouses** : « Ici, les maris [...] regardent les infidélités comme les coups d'une étoile inévitable[6]. » |

1. Honoré de Balzac, *op. cit.*, p. 93.
2. *Ibid.*
3. *Ibid.*, p. 330.
4. *Ibid.*
5. Montesquieu, « Lettre LV, Rica à Ibben, à Smyrne », *Lettres persanes*, Paris, GF-Flammarion, 1995, p. 127.
6. *Ibid.*

| CITATION MAL INTRODUITE | CORRECTION |
|---|---|
| Dans la lettre LV des *Lettres persanes*, Rica constate l'absence de jalousie au sein des couples. *Tout d'abord*: «Les Français ne parlent presque jamais de leurs femmes : c'est qu'ils ont peur d'en parler devant des gens qui les connaissent mieux qu'eux[1]. » | Dans la lettre LV des *Lettres persanes*, Rica fait part à son destinataire à quel point l'infidélité est répandue dans la société française. **Pour appuyer ses propos, Rica dévoile les véritables raisons de la discrétion des Français à l'égard de leurs épouses :** «Les Français ne parlent presque jamais de leurs femmes : c'est qu'ils ont peur d'en parler devant des gens qui les connaissent mieux qu'eux[2]. » |

| CITATION MAL INTRODUITE, CONFUSION DES ARGUMENTS | CORRECTION |
|---|---|
| *Par exemple, l'auteur parle du vent et lorsqu'il dit*: «Poussé, poursuivi par le vent, Azarius sortit d'un pan obscur, entra un instant dans le halo trouble d'un lampadaire, puis, à pas courts, rapides, courbé dans la rafale, il se dirigea vers le restaurant des Deux Records[3] », *il veut parler de la faiblesse du personnage.* | Au chapitre XII de *Bonheur d'occasion*, la force du vent souligne la faiblesse morale d'Azarius, **comme on peut le constater au moment où il se rend à son restaurant habituel** : «Poussé, poursuivi par le vent, Azarius sortit d'un pan obscur, entra un instant dans le halo trouble d'un lampadaire, puis, à pas courts, rapides, courbé dans la rafale, il se dirigea vers le restaurant des *Deux Records*[4]. » |

4

---

1. *Ibid.*, p. 126.
2. *Ibid.*
3. Gabrielle Roy, *Bonheur d'occasion*, Montréal, Boréal, coll. « Boréal compact », 1993, p. 153-154.
4. *Ibid.*

| CONTEXTE ABSENT | CORRECTION |
|---|---|
| *Par exemple, les personnages disent :*<br><br>ALBERTINE 30 ans<br><br>La vieille tasse de moman…<br><br>ALBERTINE 70 ans<br><br>Moman ?<br><br>ALBERTINE 30 ans<br><br>Est toute usée, toute tachée, mais pas ébréchée. On dirait que c't'une vieille tasse neuve.<br><br>ALBERTINE 70 ans<br><br>Qui c'est qui a parlé de moman ?<br><br>ALBERTINE 30 ans<br><br>C'est moi.<br><br>ALBERTINE 70 ans<br><br>Ça faisait tellement longtemps que j'avais pas pensé à elle !<br><br>ALBERTINE 40 ans<br><br>T'es ben chanceuse[1] ! | Dans ce passage, le personnage d'Albertine, 30 ans, contemple la tasse de lait chaud qu'elle est en train de boire et reconnaît la tasse de sa mère. Le souvenir de la mère est évoqué par les différents personnages, comme on peut l'observer dans le dialogue suivant :<br><br>ALBERTINE 30 ans<br><br>La vieille tasse de moman…<br><br>ALBERTINE 70 ans<br><br>Moman ?<br><br>ALBERTINE 30 ans<br><br>Est toute usée, toute tachée, mais pas ébréchée. On dirait que c't'une vieille tasse neuve.<br><br>ALBERTINE 70 ans<br><br>Qui c'est qui a parlé de moman ?<br><br>ALBERTINE 30 ans<br><br>C'est moi.<br><br>ALBERTINE 70 ans<br><br>Ça faisait tellement longtemps que j'avais pas pensé à elle !<br><br>ALBERTINE 40 ans<br><br>T'es ben chanceuse[2] ! |

---

1. Michel Tremblay, *Albertine en cinq temps*, Montréal, Leméac, coll. « Théâtre Leméac », p. 36-37.
2. *Ibid.*

# CHAPITRE 5

# RESPECTER LA PROPRIÉTÉ INTELLECTUELLE : PRÉSENTER SES SOURCES

# LA NOTE EN BAS DE PAGE

Les notes en bas de page indiquent les références des ouvrages d'où sont tirées les citations.

## L'appel de note

L'appel de note consiste en un chiffre mis en exposant et placé avant la ponctuation finale de la citation (phrase) et les guillemets fermants. Le nombre renvoie à la citation correspondante selon l'ordre numérique habituel (1, 2, 3…).

*Exemples*

« Le roi de France est le plus puissant prince de l'Europe. Il n'a point de mines d'or comme le roi d'Espagne son voisin ; mais il a plus de richesses que lui, parce qu'il les tire de la vanité de ses sujets, plus inépuisables que les mines[1]. »

Selon Montesquieu, la vanité de ses contemporains était pour le roi de France une richesse plus importante que les mines d'or « du roi d'Espagne son voisin[2] ».

## La présentation de la note en bas de page

- Présentation : La note est située en bas de la page et est séparée du reste du texte par un filet (trait de 4 cm sous le texte, en bas à gauche de la page).
- Insertion automatique (Word) : menu **Insertion**, rubrique **Note…** Le chiffre de chaque appel et de la note correspondante sera inséré selon l'ordre numérique habituel, et cela de façon automatique.
- Caractère : L'appel de note et la note elle-même sont écrits un ou deux points plus petits que le texte.
- Contenu : Auteur (prénom et nom), « titre du chapitre, de l'article, du poème » (entre guillemets) s'il y a lieu, *titre de l'ouvrage* (italique), lieu, maison d'édition, collection (s'il y a lieu), année, pages.
- Ponctuation : Chaque élément est séparé par une virgule, et le dernier élément est suivi d'un point.

*Exemple*

« Dostoïevski avait écrit : « Si Dieu n'existait pas, tout serait permis. » C'est là le point de départ de l'existentialisme. En effet, tout est permis si Dieu n'existe pas, et par conséquent, l'homme est délaissé, parce qu'il ne trouve ni en lui ni hors de lui une possibilité de s'accrocher[1]. »

---

1. Jean-Paul Sartre, *L'Existentialisme est un humanisme*, Paris, Nagel, 1970, p. 36.

---

1. Montesquieu, « Lettre XXIV, Rica à Ibben, à Smyrne », *op. cit.*, p. 75.
2. *Ibid.*

# La reproduction d'une note en bas de page déjà mentionnée

Afin d'éviter la répétition des informations contenues dans les références, on peut recourir à certaines abréviations latines lorsqu'on cite plusieurs fois une œuvre ou un auteur.

## LES PRINCIPALES MENTIONS SUBSÉQUENTES

**Ibid.** (*Ibidem*, « au même endroit ») : Il remplace toute la notice d'un ouvrage lorsqu'on le cite plusieurs fois, et ce, d'une manière consécutive.

> 1. Albert Camus, *La Peste*, Paris, Gallimard, coll. « Folio », 1994, p. 67.
> 2. *Ibid.*
> 3. *Ibid.*, p. 52.

**Id.** (*Idem*, « le même auteur ») : Il est généralement employé lorsqu'on cite une autre œuvre d'un auteur qu'on a déjà cité. Cette abréviation remplace le nom de ce dernier.

> 1. Albert Camus, *La Peste*, Paris, Gallimard, coll. « Folio », 1994, p. 67.
> 2. *Id.*, *L'Homme révolté*, Paris, Gallimard, coll. « Folio », 1973, p. 38.

**Op. cit.** (*Opere citato*, « dans l'ouvrage cité ») : Cette locution renvoie à un ouvrage cité précédemment mais de manière non consécutive.

> 1. Albert Camus, *La Peste*, Paris, Gallimard, coll. « Folio », 1994, p. 67.
> 2. *Id.*, *L'Homme révolté*, Paris, Gallimard, coll. « Folio », 1973, p. 38.
> 3. Albert Camus, *La Peste*, *op. cit.*, p. 116.

**Loc. cit.** (*Loco citato*, « propos cité ») : Équivalent de *op. cit.*, cette locution désigne toute forme d'article ou de partie d'ouvrage cités précédemment et de manière non consécutive.

> 1. Roland Barthes, « Introduction à l'analyse structurale des récits », *Analyse structurale des récits*, *Communications*, n° 8, Paris, Éditions du Seuil, coll. « Points », 1967, p. 20.
> 2. *Id.*, *Le Plaisir du texte*, Paris, Éditions du Seuil, coll. « Points », 1973, p. 23.
> 3. Roland Barthes, *loc. cit.*, p. 22.

### *Exemples d'utilisation d'abréviations diverses*

> 1. Albert Camus, *La Peste*, Paris, Gallimard, coll. « Folio », 1994, p. 67.
> 2. *Ibid.*, p. 11.
> 3. Robert Kopp, « Une danse macabre », *Magazine littéraire*, n° 418 (mars 2003), p. 41.
> 4. Albert Camus, *op. cit.*, p. 116.
> 5. *Id.*, *L'Homme révolté*, Paris, Gallimard, 1973, p. 38.
> 6. Robert Kopp, *loc. cit.*, p. 43.

# LA RÉFÉRENCE DES TRAVAUX EN FRANÇAIS

Dans les analyses et les dissertations littéraires portant sur un seul poème ou un extrait d'une seule œuvre clairement identifiée, l'enseignant peut se contenter d'exiger une référence entre parenthèse, indiquant :

- les lignes citées (l. 3 et 4)
- les vers (v. 4 à 6)
- la page (p. 26)

> « Et, quand le soir tomba, […] ils s'abandonnèrent à l'amour. » (l. 926-928)

 Dans tous les cas, vérifiez auprès de l'enseignant ses exigences en matière de présentation des références et assurez-vous de respecter les consignes données lors de l'évaluation.

# LA PRÉSENTATION DES CITATIONS EN ANGLAIS

## La méthode auteur-date (*APA style*)

Cette méthode est utilisée dans les disciplines scientifiques et dans certaines disciplines des sciences humaines. Elle est habituellement exigée dans les travaux en anglais (*APA style*).

La méthode APA consiste à accompagner la citation (ou la citation d'idée) du nom de famille de l'auteur, de l'année de publication de l'ouvrage et de la page concernée. **Elle ne comporte pas de note en bas de page.** La notice complète des éléments sera par la suite intégrée dans la bibliographie.

## Intégrer les références avec la méthode APA

### LES CITATIONS COURTES (MOINS DE 40 MOTS)

**Auteur non mentionné au préalable**

> *Encryption also allows criminals and terrorists to conceal their activities* (Minerd, 2000, p. 30).

**Auteur comme sujet du verbe**

> *Minerd* (2000) *reports that* « *Encryption also allows criminals and terrorists to conceal their activities* » (p. 30).

**Citation d'idée ou résumé**

> *Minerd* (2000) *argues that law-breakers are also available to hide their illegal projects by encoding information.*

**LES CITATIONS LONGUES (EN RETRAIT)**

*Smith (1993) explained the following of the author-date method:*

> *When people start using APA style for long quotations, it can be confusing.*
> *That is because they don't know the rules of quoting. Once the proper*
> *information is provided, they do not have any problem. Simply consulting*
> *the APA guide is the best solution (p. 243).*

 Dans le résumé d'une longue citation, il n'est pas obligatoire d'indiquer la page, mais il est toujours préférable de le faire.

# AIDE-MÉMOIRE

→ Chapitres 4 et 5

Lorsque je cite un auteur, je m'assure :

- de transcrire intégralement, si possible, l'extrait choisi, et cela en respectant fidèlement sa forme et son contenu . . . . . . . . . . . ☐

- si j'abrège le contenu d'une citation, que la syntaxe est respectée dans la phrase nouvellement formée . . . . . . . . . . . ☐

- de respecter le protocole de présentation des citations en fonction de leur particularité (longueur, disposition, langue étrangère, etc.) . . . . . . . . . . . . . . . . . . . . . . . . ☐

- d'introduire la citation en la situant dans son contexte . . . . . . . . ☐

- de mentionner la référence selon la méthode voulue par l'enseignant (note en bas de page ou dans le texte, etc.) . . . . . . . ☐

**5**

# CHAPITRE 6

# ÉTABLIR UNE BIBLIOGRAPHIE OU UNE MÉDIAGRAPHIE

> **DÉFINITION**
>
> La **bibliographie** est la liste exacte et détaillée de tous les ouvrages (livres, articles, publications officielles, etc.) que vous avez consultés pour effectuer votre travail. On appelle **médiagraphie** une liste comprenant des références électroniques (cédéroms, sites Internet, bases de données, etc.).
>
> Il existe diverses façons de présenter une bibliographie ou une médiagraphie, mais nous n'en retiendrons que deux : la méthode traditionnelle et la méthode auteur-date. Quelle que soit la méthode que vous utilisez, certains principes s'appliquent en tout temps.
>
> ▶ Les ouvrages sont répertoriés par ordre alphabétique des noms d'auteurs.
>
> ▶ Si les titres sont nombreux, il peut être approprié de les grouper par catégories.
>
> ▶ La notice est composée à simple interligne et un interligne double sépare chaque notice de la suivante.

# LA MÉTHODE TRADITIONNELLE

## Les livres

La notice d'un **livre** contient les éléments suivants.

NOM DE L'AUTEUR, Prénom. *Titre du livre*, lieu d'édition, maison d'édition, année de publication, nombre de pages.

- Si le lieu d'édition n'est pas disponible, on écrit [s. l.] entre crochets, ce qui veut dire « sans lieu ».
- Si la maison d'édition n'est pas disponible, on écrit [s. é.] entre crochets, ce qui veut dire « sans éditeur ».
- Si l'année d'édition n'est pas disponible, on écrit [s. d.] entre crochets, ce qui veut dire « sans date ».
- Si le livre n'est pas paginé, on écrit [s. p.] entre crochets, ce qui veut dire « sans pagination ».

Vous trouverez dans les pages suivantes différents exemples pour présenter vos références.

**Une œuvre intégrale**

*Un seul auteur*

VACHER, Laurent-Michel. *Histoire d'idées : à l'usage des cégépiens et autres apprentis de tout poil, jeunes ou vieux*, Montréal, Liber, 1994, 259 p.

*Deux auteurs*

ARCAND, Bernard, et Serge BOUCHARD. *Quinze lieux communs*, Montréal, Éditions du Boréal, 1993, 212 p.

*Trois auteurs*

BLANCHARD, Pascal, Gilles BÖETSCH et Dominique CHEVÉ. *Corps et couleurs*, Paris, CNRS, 2008, 227 p.

*Plus de trois auteurs*

GENETTE, Gérard, et autres. *Théorie des genres*, Paris, Éditions du Seuil, 1986, 205 p.

*Un directeur*

CALLON, Michel (dir.). *La Science et ses réseaux : genèse et circulation des faits scientifiques*, Paris, La Découverte, 1988, 214 p.

*Avec un traducteur, un préfacier ou un présentateur*

SAVATER, Fernando. *Éthique à l'usage de mon fils*, trad. de l'espagnol par Claude Bleton, Paris, Éditions du Seuil, 1994, 179 p.

DIDEROT, Denis. *Salon de 1765*, éd. critique et annotée présentée par Else Marie Bukdahl et Annette Laurenceau, Paris, Hermann, 1984, 365 p.

*Si l'auteur est une institution, une association, un organisme, un gouvernement ou un ministère*

MUSÉE DES BEAUX-ARTS DE MONTRÉAL. *Guide des collections du Musée des beaux-arts de Montréal*, 2ᵉ éd., Montréal, Musée des beaux-arts de Montréal, 2007, 342 p.

QUÉBEC, MINISTÈRE DE LA JUSTICE. *Mon Testament*, Québec, Publications du Québec, 2006, 32 p.

*Aucun auteur*

*Tristan et Iseut*, version de Joseph Bédier, éd. présentée, annotée et analysée par T. H. Penny Benarrosh, Laval, Beauchemin, coll. « Parcours d'une œuvre », 2001, 287 p.

**Un seul chapitre ou une seule section d'un livre**

BELTING, Hans. « L'image et la mort », *Pour une anthropologie des images*, Paris, Gallimard, 2004, p. 183-240.

DI STASIO, Josée. « Les soupes », *Pasta et cetera : à la di Stasio*, Montréal, Flammarion Québec, 2007, p. 44-49.

*Titre avec sous-titre*

ARASSE, Daniel. *Le Détail : pour une histoire rapprochée de la peinture*, Paris, Flammarion, 1996, 459 p.

*Avec une collection*

FARGE, Arlette. *Vivre dans la rue à Paris au XVIIIᵉ siècle*, Paris, Gallimard, coll. « Archives », 1979, 252 p.

**Ouvrages en plusieurs volumes**

DUBY, Georges, et Michelle PERROT (dir.). *Histoire des femmes en Occident*, Paris, Plon, 1990-1992, 5 vols.

**Si un ouvrage est une réédition**

DIONNE, Bernard. *Pour réussir : guide méthodologique pour les études et la recherche*, 5e éd., Montréal, Beauchemin, 2008, 264 p.

## Les articles

La notice d'un **article** de journal, de revue, de dictionnaire ou d'encyclopédie contient les mêmes éléments de base que celle d'un livre, mais avec quelques modifications.

**Articles de journaux**

NOM DE L'AUTEUR, Prénom. « Titre de l'article », *Titre du journal*, lieu d'édition, date de publication, pages de l'article.

BARANGÉ, Sébastien. « L'imparfait du présent : le philosophe Alain Finkielkraut analyse le monde qui se défait, de l'affaire Juppé à l'antisémitisme et au choc Amérique-Europe », *Le Devoir*, Montréal, 18 avril 2005, p. A1.

**Articles de revues**

NOM DE L'AUTEUR, Prénom. « Titre de l'article », *Titre de la revue*, volume, numéro, date de publication, pages de l'article.

KOPP, Robert. « Une danse macabre », *Magazine littéraire*, n° 418, mars 2003, p. 41-44.

**Articles de dictionnaires**

NOM DE L'AUTEUR, Prénom. *Titre du dictionnaire*, lieu d'édition, maison d'édition, année de publication, sous « Titre de l'article », pages de l'article.

CHEVALIER, Jean, et Alain GHEERBRANT. *Dictionnaire des symboles*, Paris, Robert Laffont et Jupiter, 1982, sous « Miroir », p. 635-639.

**Articles d'encyclopédies**

NOM DE L'AUTEUR, Prénom. « Titre de l'article », *Titre de l'encyclopédie*, lieu d'édition, maison d'édition, année de publication, volume, pages de l'article.

LUCHAIRE, François. « L'Afrique noire », *Encyclopædia Universalis*, Paris, Encyclopædia Universalis, 2002, vol. 1, p. 459-509.

**6**

# Les documents électroniques

Les **documents électroniques** comprennent tous les documents sur support informatique ou en ligne. La notice d'un **document sur support informatique** doit préciser le type de document ou de support entre crochets après le titre du document. La notice d'un **document en ligne** doit inclure la date de consultation précédée de la mention « réf. du » ainsi que l'adresse Web (url) du document. La notice d'un **document en ligne** ne se termine jamais par un point.

### Sur support informatique

NOM DE L'AUTEUR, Prénom. « Titre de l'article », *Titre du document* [type de document ou de support], lieu d'édition, maison d'édition, année de publication.

MIRBEAU, Octave. « Vincent Van Gogh », *Encyclopédie Microsoft Encarta 97* [cédérom], [s. l.], Microsoft Corporation, 1996.

*Antidote HD* [logiciel de correction], 7ᵉ éd., Montréal, Druide informatique, 2009.

### Livres ou documents en ligne

NOM DE L'AUTEUR, Prénom. *Titre du livre*, lieu d'édition, maison d'édition, date de publication, nombre de pages, date de consultation, url (sans point)

ZOLA, Émile. *Le Ventre de Paris*, 6ᵉ éd., Paris, Charpentier, 1876, 358 p., réf. du 23 mai 2012, http://books.google.ca/books?id=PvEFAAAAQAAJ&printsec=frontcover&dq=le+ventre+de+paris&hl=fr&sa=X&ei=8TS9T_fCDKH66QHGq8hJ&ved=0CDYQ6AEwAA#v=onepage&q=le%20ventre%20de%20paris&f=false

RÉSEAU ENTREPRISE ET DÉVELOPPEMENT DURABLE. *Mesure et appréciation des impacts sur l'environnement : guide à l'intention des décideurs*, Montréal, Université du Québec à Montréal, 2011, réf. du 6 mai 2012, http://nbs.net/wp-content/uploads/Impact_ExecRep_FR110718.pdf

### Sites Internet personnels

NOM DE L'AUTEUR, Prénom. *Titre du site*, date de consultation, url (sans point)

FORGET, Louise. *L'Atelier d'histoire*, réf. du 7 août 2011, https://sites.google.com/site/latelierdhistoire/

### Sites Internet mis en ligne par une institution, une association, un organisme, un gouvernement ou un ministère

NOM DE L'INSTITUTION. *Titre du site*, date de consultation, url (sans point)

OFFICE QUÉBÉCOIS DE LA LANGUE FRANÇAISE. *Banque de dépannage linguistique*, réf. du 9 février 2012, http://www.oqlf.gouv.qc.ca/ressources/bdl.html

### Sites Internet officiels d'une institution, d'une association, d'un organisme, d'un gouvernement ou d'un ministère

*Titre du site*, date de consultation, url (sans point)

*Collège Ahuntsic*, réf. du 12 février 2012, http://www.collegeahuntsic.qc.ca/accueil

*Ministère de l'Éducation, du Loisir et du Sport du Québec*, réf. du 29 mai 2012, http://www.mels.gouv.qc.ca/

**6**

**Articles tirés d'un site Internet ou sections de site Internet**

NOM DE L'AUTEUR, Prénom. « Titre de l'article », *Titre du site*, date de consultation, url (sans point)

PORTE, Victorine. « Méthodologie et astuces de recherche sur Internet », *La revue web d'Arnaud Pelletier*, réf. du 11 avril 2012, http://www.arnaudpelletier.com/2012/01/12/guide-de-recherche-sur-le-web/

« Le livre de la Renaissance à Montréal : des originaux rares et précieux réunis à la Grande Bibliothèque », *Bibliothèque et Archives nationales du Québec*, réf. du 20 mai 2012, http://www.banq.qc.ca/a_propos_banq/salle_de_presse/communiques_de_presse/2012/communique.html?c_id=86f58c17-05ae-4644-85e8-e11 313dcb6d3

**Articles tirés d'un périodique en ligne**

*Journal*

NOM DE L'AUTEUR, Prénom. « Titre de l'article », *Titre du journal*, date de mise en ligne, date de consultation, url (sans point)

PORTER, Isabelle. « Printemps hâtif : plus de peur que de mal pour la nature », *Le Devoir*, 3 avril 2012, réf. du 12 avril 2012, http://www.ledevoir.com/environnement/actualites-sur-l-environnement/346528/printemps-hatif-plus-de-peur-que-de-mal-pour-la-nature

*Revue*

NOM DE L'AUTEUR, Prénom. « Titre de l'article », *Titre de la revue*, volume, numéro, date de mise en ligne, date de consultation, url (sans point)

SÈVE, Michel. « Les Grecs de l'Antiquité connaissaient-ils leur âge ? », *Le Portique : revue de philosophie et de sciences humaines*, n° 21, 2008, réf. du 23 mai 2012, http://leportique.revues.org/index1703.html

**6**

**Articles tirés d'une encyclopédie ou d'un dictionnaire en ligne**

NOM DE L'AUTEUR, Prénom. « Titre de l'article », *Titre de l'ouvrage*, lieu d'édition, maison d'édition, date de mise en ligne, date de consultation, url (sans point)

NOËL, Alain. « Canada 2010-2011 », *L'Encyclopédie de l'état du monde*, Paris, La Découverte, septembre 2011, réf. du 22 mai 2012, http://www.etatdumonde.com/touslespaysdumonde/pays-canada-AMNNORAMCAN/index.html

« Appareil respiratoire », *Dictionnaire visuel*, Montréal, Québec Amérique International, 2011, réf. du 11 avril 2012, http://www.ikonet.com/fr/ledictionnairevisuel/etrehumain/anatomie/appareil-respiratoire/appareil-respiratoire.php

**Illustrations, photographies, vidéos en ligne**

NOM DE L'AUTEUR, Prénom. « Titre du document » [type de document], année de création, *Titre du site Internet où se trouve le document*, date de consultation, url (sans point)

VIENS, Catherine. « Baleine à bosse » [photographie], 2010, *Le Monde en images : des collections pour l'éducation*, réf. du 23 mai 2012, http://monde.ccdmd.qc.ca/ressource/ ?id=65825&demande=desc

COLLÈGE AHUNTSIC. « Vidéo promotionnelle du Collège Ahuntsic » [vidéo], 2010, *YouTube*, réf. du 3 mars 2012, http://www.youtube.com/watch ?v=u2DWW6Et4S4

RESSOURCES NATURELLES DU CANADA. « Divisions politiques » [carte géographique], 2006, *L'Atlas du Canada*, réf. du 29 mai 2012, http://atlas.nrcan.gc.ca/auth/francais/maps/reference/national/can_political_e/referencemap_image_view

**Courriels**

NOM DE L'AUTEUR, Prénom (adresse courriel de l'expéditeur). *Titre du message*, date du message [courriel au nom du récepteur], (adresse courriel du récepteur).

HABIB, Anne-Gaëlle (anne-gaelle.habib@collegeahuntsic.qc.ca). *Information sur le prêt*, 17 avril 2012 [courriel à la bibliothèque du collège Ahuntsic], (bibliotheque@collegeahuntsic.qc.ca).

**Blogues**

NOM DE L'AUTEUR, Prénom. « Titre du billet », *Titre du blogue*, date de mise en ligne, date de consultation, url (sans point)

LETENDRE, Christian. « Un an plus tard… (bis) », *5 millions de pas : chronique d'une randonnée appalachienne* [blogue], 30 août 2011, réf. du 29 mai 2012, http://5millionsdepas.com/2011/08/30/un-an-plus-tard-bis/

**Forums**

NOM DE L'AUTEUR, Prénom. « Titre du message », *Nom du groupe* [forum], date de mise en ligne, date de consultation, url (sans point)

HABIB, Anne-Gaëlle. « Accès à Moodle », *Aide et soutien Moodle* [forum], 5 février 2010, réf. du 4 mars 2012, https://moodle.collegeahuntsic.qc.ca/mod/forum/discuss.php ?d=34

## Exemples de notices d'autres types de documents

**Documents visuels**

NOM DE L'AUTEUR, Prénom. *Titre du document*, année de production, matériaux, dimensions, lieu de conservation, ville, pays.

DELACROIX, Eugène. *La Liberté guidant le peuple*, 1830, huile sur toile, 260 cm x 325 cm, Musée du Louvre, Paris, France.

**Documents sonores et audiovisuels**

NOM DE L'AUTEUR, Prénom. *Titre du document*, lieu de production, maison de production, année de production, description technique.

ARCADE FIRE. *The Suburbs*, Chapell Hill (N.C.), Merge Records, 2011, CD.

PILOTE, Sébastien. *Le Vendeur*, Montréal, Films Séville, 2012, DVD, son, coul., 107 min.

### Mémoires et thèses

NOM DE L'AUTEUR, Prénom. *Titre de la thèse ou du mémoire*, grade universitaire et discipline, nom de l'université, année de soutenance ou du dépôt, nombre de pages.

ST-PIERRE, Marilou. *« L'Enseigne de Gersaint » d'Antoine Watteau : une fiction du dernier tableau*, thèse de maîtrise en histoire de l'art, Université de Montréal, 2005, 141 p.

### Actes de colloque

NOM DE L'AUTEUR, Prénom. *Titre des actes du colloque* (date du colloque, lieu du colloque), lieu d'édition, maison d'édition, année de publication, nombre de pages.

RÉSEAU QUÉBÉCOIS D'ACTION POUR LA SANTÉ DE LA FEMME. *Le Marché de la beauté… un enjeu de santé public : actes de colloque* (23-24 novembre 2006, Montréal), Montréal, RQASF, 2008, 268 p.

BERNIER, Christine, et Isabelle LELARGE (dir.). *La Critique d'art entre diffusion et prospection : actes du 2e colloque international Max et Iris Stern* (27-29 octobre 2006, Musée d'art contemporain de Montréal), Montréal, Musée d'art contemporain de Montréal, 2007, 319 p.

### Notes personnelles de l'étudiant

NOM DE L'AUTEUR, Prénom. Notes prises lors du discours, de la conférence, du cours de Nom de l'intervenant, *Titre de l'événement*, nature de l'événement, lieu de l'événement, date de l'événement.

HAMEL, Sacha. Notes prises lors de la conférence de Hubert Reeves, *Cosmologie et créativité*, conférence présentée dans le cadre du festival 24 heures de science, Bibliothèque et Archives nationales du Québec, 11 mai 2012.

CÔTÉ, Judith. Notes prises lors du cours de Josée Migraine, *Littérature et imaginaire*, Collège Ahuntsic, 6 février 2012.

### Entrevues réalisées par l'étudiant

NOM DE L'AUTEUR, Prénom. *Titre de l'entrevue*, lieu de l'entrevue, date de l'entrevue.

PETIT, Catherine. *Entrevue avec Steven Guilbeault, cofondateur et porte-parole de l'organisation Équiterre*, Montréal, 11 juillet 2011.

Pour obtenir des détails supplémentaires sur la façon de rédiger vos notices bibliographiques et médiagraphiques, consultez le site suivant :

OFFICE QUÉBÉCOIS DE LA LANGUE FRANÇAISE. *Banque de dépannage linguistique*, réf. du 7 février 2012, www.oqlf.gouv.qc.ca/ressources/bdl.html

# LA MÉTHODE AUTEUR-DATE (*APA*)

La présentation des citations selon la méthode APA exige une bibliographie ou une médiagraphie conforme à cette méthode. En anglais, la bibliographie s'appelle une ***reference list***.

## Les livres

### Un seul auteur

Nom de l'auteur, initiale du prénom. (Année). *Titre du livre*. Lieu de l'édition : maison d'édition.

> Covey, S. R. (1989). *Seven habits of highly effective people*. New York : Free Press.
>
> Gladwell, M. (2008). *Outliers: The story of success*. New York, NY : Little, Brown and Company.

### Plus d'un auteur

Les auteurs doivent être classés par ordre alphabétique, et les auteurs suivant le premier sont séparés par une virgule et une perluète (le signe &).

> Calfee, R. C., & Valencia, R. R. (1991). *APA guide to preparing manuscripts for journal publication*. Washington, DC : American Psychological Association.

### Articles de journaux

Nom de l'auteur, initiale du prénom. (Année, Mois jour). Titre de l'article. *Titre du journal*. Numéros de pages.

> Fisher, R. (2012, June 8). Arrest, tension ahead of F1. *The Gazette*. pp. 8A, 9A.

 Lorsque l'article contient plusieurs pages, on fait précéder les numéros des pages de l'abréviation suivante : pp.

## Les références électroniques

### Articles de journaux en ligne

Nom de l'auteur. (Année, Mois jour). Titre de l'article. *Titre du journal*. Retrieved from, http://adresse URL (sans point)

> Nerenberg, A. (2010, June 26). The science of fun. *The Gazette*. Retrieved from http://www2.canada.com/montrealgazette/news/saturdayextra/story.html?id%093%093c512f3 -5c34-421b-8f67-dac32b8fbf34

## Articles tirés de périodiques électroniques

### Un ou plusieurs auteurs

Nom, initiale du prénom., & Nom, initiale du prénom. (Année). Titre de l'article. *Titre du périodique*, volume (numéro si disponible), numéros des pages. Retrieved from adresse url (sans point)

> Wang, W. (2003). How is pedagogical grammar defined in current TESOL practice teaching ? *Canadian TESL Canada Journal*, 21 (1), 274. Retrieved from http://www.telscanadajournal.ca/index.php/tesl/article/view/274

## Sites Web

Nom, initiale du prénom., & Nom, initiale du prénom. (Année, Mois jour). Titre de l'article. Retrieved from adresse Web (sans point)

> Livingston, K. (2012, April 5). Guide to writing a basic essay. Retrieved from http://lklivingston.tripod.com/essay/

Ne pas mettre de point après une adresse URL.

Aucune date d'accès n'est requise dans la méthode auteur-date. Cependant, vous devez avoir la date de la parution de l'article. S'il est impossible de la connaître, vous écrirez n. d. (*no date*). L'adresse URL est toujours précédée de la locution *Retrieved from*.

## Blogues (*blogs*)

Auteur (nom, initiale prénom) **ou pseudonyme**. (Année, Mois jour). Titre du message. [Weblog comment]. Retrieved from adresse url (sans point)

> Davis, Randall. (2012, February 21). Re : The iPad revolution. [Weblog comment]. Retrieved from http://esl-lab.blogspot.ca/

Dans le cas des sites Web et des blogues, le titre n'est pas mis en italique.

## Communications personnelles (courriels, entrevues)

Vous pouvez mentionner vos communications personnelles à l'intérieur d'un texte, mais vous ne devez pas les inclure dans votre bibliographie ou votre médiagraphie.

> A. Brunel recommended that young people apply for work on cruise lines if they enjoy travelling (personal communication, January 10, 2012).

**Twitter ou Facebook**

Nom de l'auteur ou pseudonyme. (Année, Mois jour). Titre du message : site URL [Twitter ou Facebook]. Retrieved from adresse url (sans point)

> AndrewCarter800. (2012, November 20). I don't like the way my dog is looking at me : [twitter post]. Retrieved from http://twitter,com/andrewcarter800

 Pour distinguer les différents messages diffusés le même jour ou éventuellement la même année, on peut écrire après l'année les lettres a, b, c (etc.), et ce, dans l'ordre chronologique de diffusion. S'il n'y a qu'un seul message, écrivez uniquement l'année.

## Les œuvres diverses

### Œuvres musicales enregistrées

Nom de l'auteur, initiale du prénom. (Année du dépôt des droits d'auteur). *Titre de la chanson* [Nom de l'interprète, s'il diffère de l'auteur]. On *Titre de l'album* [support médiatique]. Lieu : Label. (Année d'enregistrement si elle diffère de la date du dépôt des droits d'auteur).

> Roberts, A. (1946). *Jump in the line* [Recorded by Harry Belafonte]. On *Jump up calypso* [Record]. New York : RCA Victor. (1961).

 Il n'y a pas de point après le titre de la chanson et celui de l'œuvre enregistrée.

### Films

Nom, initiale du prénom (Producteur), & Nom, initiale du prénom (Réalisateur). (Année de diffusion). *Titre du Film* [support médiatique]. Pays : Studio ou distributeur.

> Davidson, F. (Producer), & Davidson, J. (Director). (1999). *B. F. Skinner : A fresh appraisal.* [Motion Picture]. United States : Davidson Films.

 Comme le support médiatique peut changer, vous devez indiquer le genre et l'encadrer de crochets [Motion Picture], [VHS], [DVD], etc.

Je donne **toutes** les références des sources documentaires utilisées
pour la rédaction de mon travail . . . . . . . . . . . . . . . . . . . . . . ☐

Je m'assure d'avoir accordé tous les crédits aux auteurs cités
dans mon texte . . . . . . . . . . . . . . . . . . . . . . . . . . . . . . . ☐

Je respecte la méthode exigée pour établir la bibliographie
ou la médiagraphie :

- méthode traditionnelle . . . . . . . . . . . . . . . . . . . . . . . . . ☐
- méthode Auteur-date (*APA*) . . . . . . . . . . . . . . . . . . . . . . ☐

Je m'assure de présenter les références selon le type de sources utilisées :

- livres. . . . . . . . . . . . . . . . . . . . . . . . . . . . . . . . . . . ☐
- périodiques. . . . . . . . . . . . . . . . . . . . . . . . . . . . . . . . ☐
- revues spécialisées . . . . . . . . . . . . . . . . . . . . . . . . . . . ☐
- ressources en ligne. . . . . . . . . . . . . . . . . . . . . . . . . . . . ☐
- œuvres de représentation spécifiques
  (peintures, films, DVD, etc.) . . . . . . . . . . . . . . . . . . . . . ☐

**6**

# CHAPITRE 7

# RÉDIGER ET RÉVISER UN TEXTE

Vous avez trouvé vos idées, élaboré votre plan, déterminé le contenu de chacune des parties importantes de votre travail. Vous êtes à présent à l'étape de la rédaction. Pour ce faire, vous devez adopter un registre de langue soutenu, un style neutre et objectif, et présenter le sujet et l'objet de votre réflexion de façon adéquate. Ce chapitre vous familiarisera avec les outils de rédaction et de révision propres aux types de travaux exigés par vos enseignants, quelle que soit la discipline enseignée.

# LE TITRE DES ŒUVRES ET LE NOM DES AUTEURS : RÈGLES D'ÉCRITURE

Dans les travaux qui vous sont imposés au collégial, il importe de présenter les œuvres et les auteurs sur lesquels vous travaillez selon les règles établies dans les principaux milieux d'édition (universitaires, institutionnels).

## Le titre d'une œuvre intégrale

Dans un travail mis en page avec un logiciel de traitement de texte, les titres d'œuvres intégrales doivent être présentés en *italique*. Dans les travaux manuscrits, ces titres doivent être <u>soulignés</u>.

## Le titre d'une partie d'une œuvre

Les articles, chapitres, poèmes ou extraits d'une œuvre doivent être écrits en romain et être placés entre guillemets.

## L'utilisation de la majuscule

Vous trouverez ci-dessous les règles concernant l'usage des majuscules dans les titres d'œuvres intégrales selons différents protocoles reconnus.

Quelle que soit la méthode utilisée, il s'agit de n'en adopter qu'une seule et de s'y tenir dans tout le travail.

**Méthode proposée par l'Office québécois de la langue française**

*Romans, œuvres intégrales*

La première lettre du titre de l'œuvre et les noms propres qui s'y trouvent prennent une majuscule.

- Marie-Claire Blais, *Une saison dans la vie d'Emmanuel.*
- Gabrielle Roy, <u>Bonheur d'occasion</u> (dans un texte manuscrit).
- Marcel Proust, *Le côté de Guermantes.*

**Méthode traditionnelle**

Selon la méthode traditionnelle, on emploie les majuscules comme dans les exemples ci-dessous.

*La Peste*
Article défini + Nom commun

*Une saison en enfer*
Article indéfini + nom commun

*La Condition humaine*
Article défini + Nom commun + adjectif

*Beauté baroque*
Adjectif + Nom

*Le Vieux Chagrin*
Article défini + Adjectif + Nom commun

*La Détresse et l'enchantement*
Noms communs unis par « et »

*Le Côté de Guermantes*
Article défini + Nom commun + préposition +
Nom propre

*Zadig ou la Destinée*
Noms communs ou propres unis par « ou »

*Les Très Riches Heures du duc de Berry*
Article défini + Adverbe + Adjectif + premier Nom
commun

*La vie est ailleurs*
Proposition (phrase)

*Les Fleurs du Mal*
Article défini + Nom commun + préposition + Nom
mis en valeur par l'auteur

*Si le grain ne meurt*
Phrase commençant par un terme autre
qu'un article défini

*Textes extraits d'une œuvre intégrale*

- Chapitre : « L'arrivée chez Grand-Mère », (premier chapitre du roman d'Agota Kristof,
  *Le Grand Cahier*).
- Poème : « Le loup et l'agneau » (Jean de la Fontaine, *Fables*).

*Ouvrages de référence, technologiques ou scientifiques*

Majuscule au début du titre seulement

- *Dictionnaire des synonymes*

## L'anglais

Utilisation de la majuscule pour tous les mots importants du titre d'un ouvrage, sauf exception (vérifier auprès de l'enseignant).

- *Encyclopædia Britannica*
- *Of Mice and Men*
- *Seven Habits of Highly Effective People.*

**Accord du verbe et de l'adjectif dans une phrase où l'on parle d'une œuvre**

| | |
|---|---|
| Titre formé d'un nom propre de personne : accord avec le nom. | *Phèdre* est **appréciée** par la plupart des amateurs de théâtre. |
| Article + nom commun : accord avec le nom | *La Cantatrice chauve* a été **jouée** sans interruption depuis 1959. *L'Homme atlantique* a été **adapté** au théâtre par Christian Lapointe. |
| Nom commun **sans** article : participe passé ou adjectif au masculin singulier | *Passion simple,* d'Annie Ernaux, a été **publié** avant *Se perdre,* son journal intime. |
| Proposition (phrase) : accord avec le sujet du verbe | *Rien ne s'oppose à la nuit* est **publié** en format de poche. *Les Fées ont soif* ont été **interdites** dès leur création. |
| Noms coordonnés par « et » ou « ou » : accord avec le premier nom. | *Jacques ou la Soumission* sera **mis** en scène l'automne prochain. |

## LE STYLE ET LE POINT DE VUE

Dans la plupart des travaux décrits précédemment, vous devez employer un style neutre, objectif et direct. Pour y arriver, vous devez observer les principes suivants.

| À FAIRE | À ÉVITER |
|---|---|
| Recours systématique à la 3e personne et aux tournures impersonnelles (il, on) : Il est clair que… Il serait pertinent de souligner que… | Utilisation de la 1re personne du singulier et des tournures subjectives : Je pense que… Je crois que… *I think that…* |
| Recours modéré à la 1re personne du pluriel (nous de modestie ou nous inclusif) : Nous pouvons observer que… | Utilisation de la 2e personne du pluriel (adresse au lecteur) : Vous pouvez voir ici… Utilisation de la 2e personne en anglais : *You can see…* |

**7**

| À FAIRE | À ÉVITER |
|---|---|
| Tournure indéfinie de la 3ᵉ personne du singulier : Dans *Le Père Goriot*, Balzac évoque le sort misérable des personnes âgées causé par leur imprévoyance. | Tournure familière et indéfinie de la 2ᵉ personne du singulier : Quand *tu ne mets* pas assez d'argent de côté, *tu te retrouves* comme les pensionnaires de la pension Vauquer, à vivre dans la misère… |
| Recours à un style neutre et objectif : <br> • Rastignac est effaré de voir l'état misérable de la chambre du père Goriot après avoir admiré les coûteuses toilettes de ses filles. <br> • Dans *Le Père Goriot*, Balzac reprend le canevas de la pièce *Le Roi Lear* de Shakespeare, qui décrit les conséquences tragiques de l'amour paternel démesuré. <br> • En buvant le philtre d'amour, Tristan et Iseut se rendent coupables d'adultère, et cet amour les mènera à la mort. | Utilisation de marques d'affectivité : Le père Goriot est *vraiment stupide* de donner tout son argent à ses filles. <br> Expression d'un jugement de valeur : <br> • *C'est révoltant* de voir que des gens ne pensent pas à s'occuper de leurs parents démunis. <br> • Tristan et Iseut n'avaient qu'à s'abstenir de boire le philtre d'amour s'ils voulaient rester en vie. Ils ont été punis de leur trahison, et *c'est bien fait pour eux*. |
| Présentation objective du texte : Dans le présent sonnet, Ronsard évoque, à l'arrivée imminente de sa mort, le piètre état de son corps. | Jugement de valeur sur la qualité du texte : Dans *cet extraordinaire* poème de Ronsard, on peut remarquer des mots *formidables*, qui décrivent son état physique à l'heure de sa mort. |
| Formulation directe et neutre : Les deux quartiers décrits par Gabrielle Roy dans *Bonheur d'occasion* s'opposent d'abord du point de vue géographique. | Formulation lourde et subjective : Pour commencer mon paragraphe informatif, *je vais vous parler* de l'opposition géographique entre les deux quartiers décrits par Gabrielle Roy dans *Bonheur d'occasion*. <br> *In this text*, I'll talk about *the two neighborhoods Gabrielle Roy describes in her novel* The Tin Flute. |
| Conclusion impersonnelle sur le travail : Cette réflexion a permis d'observer que non seulement le poème « L'expiation » était une évocation épique de la retraite de Russie, mais qu'il décrivait aussi les conséquences tragiques de l'ambition démesurée de Napoléon. | Appréciation personnelle sur la qualité du travail : Dans cette analyse du poème « L'expiation », *j'ai très bien réussi* à vous montrer que Napoléon avait perdu la guerre à cause de son ambition. |

**7**

# LES TEMPS DES VERBES

Le texte que vous rédigez doit être écrit au présent de l'indicatif et respecter l'uniformité du temps des verbes, même si le texte à l'étude utilise un autre temps, par exemple, le passé simple de l'indicatif. Si le recours au passé est inévitable, utilisez le **passé composé** ou **l'imparfait de l'indicatif**.

Prenez note de la valeur et de la concordance des temps :
- Le passé composé indique une action révolue dans le temps.
- L'imparfait indique une action qui se répète plusieurs fois. Il sert aussi à présenter et à décrire le contexte de l'action.

## La phrase au présent de l'indicatif

Lorsque Tristan et Iseut **boivent** par erreur le philtre d'amour, ils ne se **doutent** pas qu'ils **commettent** une erreur fatale.

## L'utilisation appropriée du présent et d'un temps passé dans une même phrase

Dans le roman *Tristan et Iseut*, les bourgeois et le peuple de Cornouailles ne **souhaitent** pas l'exécution de Tristan, car lorsque le géant Morholt **venait** les attaquer, Tristan **était** le seul à oser l'affronter.

Dans le roman *Tristan et Iseut*, les bourgeois et le peuple de Cornouailles ne **souhaitent** pas l'exécution de Tristan, car chaque fois que le géant Morholt **est venu** les attaquer, Tristan **a été** le seul à oser l'affronter.

Dans les deux dernières phrases, on mentionne des événements qui se sont déroulés *avant* le procès de Tristan et qui justifient l'hésitation des gens à l'exécuter. C'est pourquoi on utilise des temps comme l'*imparfait* ou le *passé composé* pour évoquer les actions passées.

7

# LE VOCABULAIRE

La rédaction d'un texte exige l'utilisation d'un **vocabulaire approprié.** Il importe pour cela d'éviter les erreurs courantes comme les impropriétés, les tournures familières ou les anglicismes.

| CATÉGORIES | N'ÉCRIVEZ PAS | ÉCRIVEZ PLUTÔT |
|---|---|---|
| **Impropriétés** | **Montrer ou démontrer ?**<br><br>Dans son poème intitulé « Barbara », Prévert *démontre* le thème de la guerre.<br><br>Le roman *David Copperfield*, de Charles Dickens, *démontre* que les enfants sont maltraités.<br><br>Zola, dans son roman *Germinal*, *démontre* la condition ouvrière au XIXe siècle. | Dans son poème intitulé « Barbara », Prévert **aborde** le thème de la guerre.<br><br>Le roman *David Copperfield*, de Charles Dickens, **montre** que les enfants sont maltraités.<br><br>Zola, dans son roman *Germinal*, **décrit** la condition ouvrière au XIXe siècle. |
| | **Citer**<br><br>L'auteur *cite.*<br><br>Je *cite...* | L'auteur **exprime**, **décrit**, **évoque**, etc.<br><br>Dans la citation suivante... |
| | **Causalité**<br><br>*Suite à...* | À la suite de...<br><br>À cause de...<br><br>Par suite de... |
| **Registre de langue** | **Familier ou soutenu ?**<br><br>Le poème « Recueillement » de Charles Baudelaire est *super*.<br><br>Anastasie de Restaud se *fout* de savoir que son père est misérable.<br><br>À la mort de son chauffeur, Marcel Proust *était pas mal sur la déprime...*<br><br>*Ça* veut dire qu'il est mécontent. | Le poème « Recueillement » de Charles Baudelaire est d'une **grande richesse**.<br><br>Anastasie de Restaud **est indifférente** au sort misérable de son père.<br><br>À la suite de la mort de son chauffeur, Marcel Proust **a éprouvé une grande tristesse**.<br><br>**Cela** veut dire qu'il est mécontent. |
| | **Familiarité avec le nom de l'auteur**<br><br>C'est en séjournant dans le quartier de Saint-Henri, que *Gabrielle* a eu l'idée d'écrire *Bonheur d'occasion*.<br><br>Pour *Jean-Paul*, « l'enfer c'est les autres ».<br><br>Ce *pauvre Charles* a été victime de la censure pour son recueil *Les Fleurs du Mal*. | C'est en séjournant dans le quartier de Saint-Henri que **Gabrielle Roy** a eu l'idée d'écrire *Bonheur d'occasion*.<br><br>Pour **Jean-Paul Sartre**, « l'enfer c'est les autres ».<br><br>**Baudelaire** a été victime de la censure pour son recueil *Les Fleurs du Mal*. |

*Suite du tableau de la page 87.*

| CATÉGORIES | N'ÉCRIVEZ PAS | ÉCRIVEZ PLUTÔT |
|---|---|---|
| **Archaïsmes** | *Elle n'a pu venir au collège à cause qu'elle* était malade.<br><br>Il faut *barrer* la porte. | Elle n'a pu venir au collège **parce qu'elle** était malade.<br><br>Il faut **verrouille**r la porte.<br><br>Il faut **fermer** la porte **à clé**. |
| **Confusions : « isme » (nom) ou « iste » (adjectif) ? Homophones** | Le philosophe *existentialisme* Jean-Paul Sartre a refusé le prix Nobel.<br><br>L'*humaniste* est une école de pensée qui domine la Renaissance. | Le philosophe **existentialiste** Jean-Paul Sartre a refusé le prix Nobel.<br><br>L'**humanisme** est une école de pensée qui domine la Renaissance. |
| **Paronymes** | *Tant qu'à* Molière, il a succombé après la première représentation du *Malade imaginaire*. | **Quant à** Molière, il a succombé après la première représentation du *Malade imaginaire*. |
| **Homophones** | En ce qui *attrait* à Roxane, ***l'a trait*** qu'elle exerce sur Cyrano est incontestable. | En ce qui **a trait** à Roxane, **l'attrait** qu'elle exerce sur Cyrano est incontestable. |
| **Pléonasmes** | *Comme par exemple*<br><br>*Comparer ensemble*<br><br>*Préparer d'avance*<br><br>*Puis ensuite* | Par exemple<br><br>Comparer<br><br>Préparer<br><br>Puis<br><br>Ensuite |
| **Mots imprécis** | Le *livre* La Peste d'Albert Camus se passe dans la ville d'Oran, en Algérie.<br><br>Tchen, le révolutionnaire de *La Condition humaine*, a une attitude *spéciale*.<br><br>Dans son poème « Spleen », Baudelaire emploie des mots *subtils* pour décrire son mal de vivre. | Le **roman** *La Peste* d'Albert Camus se passe dans la ville d'Oran, en Algérie.<br><br>Tchen, le révolutionnaire de *La Condition humaine*, a une attitude **inquiétante**.<br><br>Dans son poème « Spleen », Baudelaire emploie des mots **spécifiques** au mal de vivre. |
| **Impropriétés diverses** | Louis XIV *a marié* Mme de Maintenon en secondes noces.<br><br>Cet individu est *lunatique* (calqué sur l'expression *être dans la lune*)<br><br>Une erreur *pathétique*. | Louis XIV **a épousé** Mme de Maintenon en secondes noces.<br><br>Louis XIV **s'est marié avec** M^me de Maintenon.<br><br>Cet individu est **distrait**.<br><br>Une erreur **regrettable**. |

# LES ANGLICISMES

On considère comme des anglicismes les emprunts abusifs à la langue anglaise. Comme certains anglicismes sont souvent utilisés dans la langue parlée, on ne les repère pas toujours comme des termes fautifs. Le tableau suivant en présente quelques-uns et donne les expressions correctes correspondantes.

| ANGLICISME | ORIGINE | CORRECTION |
|---|---|---|
| À date, jusqu'à date | *Up to date* | Jusqu'à maintenant, jusqu'à présent |
| Faire application pour un emploi | *Application* (au sens de demande) | • Faire ou présenter une demande d'emploi<br>• Poser sa candidature<br>• Postuler un emploi |
| Balance | *Balance due* (le reste d'une somme à payer) | Solde (Il vous reste un solde de 30 $ à régler.) |
| Bienvenue | *Welcome* (formule d'accueil)<br><br>Réponse à un remerciement | • Soyez le bienvenu, M. Untel.<br>• Je vous en prie.<br>• Il n'y a pas de quoi.<br>• De rien. |
| Céduler<br>• Le train est cédulé pour trois heures.<br>• M. Samson est cédulé à huit heures.<br>• La réunion est cédulée mardi prochain. | *To schedule* | • Le train doit partir à trois heures.<br>• M. Samson est de service à huit heures.<br>• La réunion est prévue pour mardi prochain.<br>• La réunion est fixée à mardi prochain. |
| Breuvage | *Beverage* (désigne tout ce qui se boit)<br><br>Archaïsme en français | Boisson |
| • Dû à<br><br><br>• Être dû pour | *Due to,*<br><br><br>*To be due for* | • À cause de (cause négative)<br>• Grâce à (cause positive)<br>• En raison de<br>• Avoir droit à<br>• Avoir besoin de<br>• Être mûr pour |
| Canceller | *To cancel* | Annuler, décommander. |

**7**

_RÉDIGER ET RÉVISER UN TEXTE_  **89**

*Suite du tableau de la page 89.*

| ANGLICISME | ORIGINE | CORRECTION |
|---|---|---|
| Mettre l'emphase sur | *To emphasize* | • Mettre l'accent sur...<br>• Souligner. |
| Prendre pour acquis | *To take for granted* | • Tenir pour acquis.<br>• Considérer comme acquis. |
| Quitter (forme intransitive, sans complément)<br><br>Il a quitté. | *To quit* (forme intransitive) (démissionner, abandonner) | Il a quitté la salle, son emploi, sa famille, etc. |
| Versatile | *Versatile* (qui possède des talents variés, se prêtant à plusieurs usages) | • Une artiste polyvalente.<br>• Un petit couteau tout usage.<br>• Un outil à usages multiples. |

Pour éviter les erreurs de vocabulaire, vous trouverez dans la médiagraphie des ouvrages de référence consacrés à la révision linguistique.

Pour toutes les erreurs syntaxiques ou grammaticale, *La Palestre* vous permettra, à l'aide d'exercices ciblés, d'améliorer la qualité linguistique de vos travaux et d'éviter des erreurs inutiles. Pour accéder directement à *La Palestre* (il faut inscrire son code d'intranet) : https://moodle.collegeahuntsic.qc.ca/course/view.php?id=1614

# ANGLAIS : LES FAUX AMIS

Les *faux amis* sont des termes graphiquement similaires en anglais comme en français, mais qui ont des significations différentes. Par exemple, le terme *sensible* en anglais (**faux ami**) signifie *pratique* et non pas *sensible*, le **terme voulu** en français. Dans ce cas, on optera plutôt pour le **terme anglais approprié** *sensitive*.

Parfois, le terme français peut avoir une signification similaire en anglais. Par exemple, si le verbe anglais *to assist* (*to help*) a pour équivalent français *assister* (*aider*) quelqu'un, en revanche la locution *assister à un événement* requiert le verbe anglais *to attend an event*.

| TERME VOULU EN FRANÇAIS | TERME APPROPRIÉ EN ANGLAIS | FAUX AMI ANGLAIS | DÉFINITION DU FAUX AMI EN ANGLAIS |
|---|---|---|---|
| Actions (à la Bourse) | *Stocks* *Shares* | *Actions* | *Excitement, adventure* (aventure) |
| Actuellement | *At present* *Presently* | *Actually* | *In fact* (en fait) |
| Animateur (qui met de l'ambiance lors d'un événement) | *Host* | *Animator* | *Someone who makes animated films.* (réalisateur de films d'animation) |
| Annonce | *Advertisement* | *Announcement* | *A broadcasted message* (une nouvelle) |
| Assister (à un événement) | *To attend* | *To assist* | *To help* |
| Attendre | *To wait* | *To attend* | *To attend an event* (assister à un événement, à une cérémonie) |
| Bénéfices | *Profit* | *Benefits* | *The advantages that come from having or doing something, for example:* • *health benefits* (bienfaits) • *perks that are a part of a job* (avantages liés à l'emploi) |
| Circulation automobile | *Traffic* | *Circulation* | *Movement of blood through the veins* (circulation sanguine) |
| Consommation (de biens matériels) | *To consume* *Consumption* | *To consummate* *Consummation* | *Action of completing something, especially a marriage* (conclure une affaire, consommer un mariage) |
| Déception | *Disappointment* | *Deception* | *Trickery, deceit* (tromperie, arnaque) |
| Demander | *To ask* | *To demand* | *To order* (commander) |

**7**

| TERME VOULU EN FRANÇAIS | TERME APPROPRIÉ EN ANGLAIS | FAUX AMI ANGLAIS | DÉFINITION DU FAUX AMI EN ANGLAIS |
|---|---|---|---|
| Émission de télévision, de radio | *TV show*<br><br>*Series*<br><br>*Program* | *Emission* | *Something that is emitted, a by-product:* Oil sands development produces greenhouse gas emissions. |
| Envie, désir | *Desire* | *Envy* | *Jealousy* (jalousie, envie) |
| Expérience scientifique | *A scientific experiment* | *Experience* | *Knowledge or skills gained* (expérience professionnelle ou personnelle) |
| Formation | *Education*<br><br>*Training* | *Formation* | *The process of forming or being formed; also, the arrangement of a structure* (genèse, création) |
| Fournitures de bureau | *Office supplies* | *Furniture* | *Large objects such as a bed or sofa* |
| Gentil<br><br>Mignon<br><br>Agréable | *Nice*<br><br>*Pleasant* | *Gentle* | *Kind, caring* (doux, enveloppant) |
| Par hasard | *By chance* | *Hazard* | *Danger* |
| Journal | *Newspaper* | *Journal* | *A research publication for specialists* (périodique, revue spécialisée)<br><br>*Personal diary* (journal intime) |
| Librairie (magasin) | *Bookstore* | *Library* | *A place to read and borrow books* (bibliothèque) |
| Local (le nom)<br><br>Pièce | *Room* | *Local* | *Pertaining to the area; also a phone number extension* (appartenant à une localité ; se dit de l'extension d'un numéro téléphonique) |
| Manifestation (protestation) | *Protest*<br><br>*Demonstration* | *Manifestation* | *Appearance or signs of a situation* (manifestation physique d'un phénomène) |

**7**

| TERME VOULU EN FRANÇAIS | TERME APPROPRIÉ EN ANGLAIS | FAUX AMI ANGLAIS | DÉFINITION DU FAUX AMI EN ANGLAIS |
|---|---|---|---|
| Organisme | *Organization* | *Organism* | *A living being or entity* (être ou organisme vivant) |
| Photographe | *Photographer* | *Photograph* | *A picture* (photographie) |
| Politiques (d'une entreprise) Règles | *Policies* *Rules* | *Politics* | *Pertaining to government* (actes propres à un gouvernement) |
| Poste (emploi spécifique dans une entreprise, un organisme) | *Position* | *A post* | • *A long piece of wood or metal stuck in the ground upright* (un poteau) • *A comment on an online forum or blog* (commentaire exprimé sur un blogue ou un forum de discussion en ligne) |
| Publicité | *Advertising* | *Publicity* | *Media attention* (attention médiatique) |
| Quitter | *To leave* *To exit* | *To quit* | *To give up* |
| Restauration (ensemble des métiers de la restauration) | *The restaurant business* | *Restoration* | *Major repairs of something to return its appearance to its original look* (restauration d'une cathédrale) |
| Résumer un texte | *To summarize* | *To resume* | *To continue* (continuer) |
| Réunion (de travail) Rencontre Assemblée | *A meeting (Ex.: at work)* | *Reunion* | *A high school reunion* (retrouvailles) |
| Sécurité Sûreté (individu) | *Personal safety* | *Security* | *External measures that are taken to protect a person, place or thing* (sécurité publique, d'un immeuble, etc.) |

**7**

| TERME VOULU EN FRANÇAIS | TERME APPROPRIÉ EN ANGLAIS | FAUX AMI ANGLAIS | DÉFINITION DU FAUX AMI EN ANGLAIS |
|---|---|---|---|
| Chercheur scientifique | **Scientist** | *Scientific* | *Pertaining to science* (qui relève de la science) |
| Sensible | **Sensitive** | *Sensible* | *Practical* (sensé, pragmatique) |
| Technique (même terme qu'en anglais) Programme d'étude technique | **Program of study** | *Technique* | *The manner or skill used to accomplish something* |
| Gagner de l'argent au travail | **To earn** | *To win* | *To be successful in a competition or lottery* |

## LES ERREURS COURANTES EN ANGLAIS LANGUE SECONDE

Le tableau suivant recense le type d'erreurs lexicales, grammaticales et syntaxiques courantes. Des ouvrages plus complets pourront être consultés. Demandez à votre enseignant.

| RÈGLE | ERREUR | CORRECTION |
|---|---|---|
| **Adjectifs** Les adjectifs ne s'accordent pas au pluriel. | *I love **interestings** books.* | *I love **interesting** books.* |
| **Forme comparative** | *It is **more easy** than I thought.* | *It is **easier** than I thought.* |
| **Prépositions** **In**: pays, province, ville, etc. **At**: adresse (résidentielle ou professionnelle) **To**: indique une direction **Near**: utilisé sans le « *of* ». | *I was born **at** Quebec City and I studied to François-Xavier college.* *I live **near of** Collège Ahuntsic.* | *I was born **in** Quebec City and I studied **at** François-Xavier college.* *I live **near** Collège Ahuntsic.* |
| | *Carmen participated **at** the Quebec games.* | *Carmen participated **in** the Quebec games.* |
| | *She is interested **at** Spanish literature.* | *She is interested **in** Spanish literature..* |
| | *It depends **of** the weather…* | *It depends **on** the weather…* |
| **For**: indique une durée indéterminée **Since**: indique un moment précis | *I've been with my boyfriend **since** five years.* | *I've been with my boyfriend **for** five years.* *I've been with my boyfriend **since** 2000.* |

7

| RÈGLE | ERREUR | CORRECTION |
|---|---|---|
| **Pluriel des noms**<br><br>Les noms indiquant une quantité indéterminée ne prennent pas la marque du pluriel. | I have a lot of **homeworks** tonight. | I have a lot of **homework** tonight. |
| **Emploi de la majuscule**<br><br>Le pronom « I »<br><br>Les titres<br><br>Mois, Jours,<br><br>Langues<br><br>Nationalités (noms et adjectifs) | It rained on **saturday**, so **i** worked on my **english** homework.<br><br>The **canadian** flag was designed in 1964. | It rained on **Saturday**, so **I** worked on my **English** homework.<br><br>The **Canadian** flag was designed in 1964. |
| **Accord du verbe avec son sujet** | There **is** many people at the store.<br><br>He **make** an effort to finish his homework. | There **are** many people at the store.<br><br>He **makes** an effort to finish his homework. |
| **Pronom relatif**<br><br>**Who**: personnes<br><br>**Which**: animaux, choses<br><br>**That**: personnes, animaux, choses | The topic **who** he chose was politics. | The topic **that** he chose was politics.<br><br>The topic he **chose** was politics. |
| **Gallicismes** (tournures françaises) | I **have** 19 years old.<br><br>I **have** hungry.<br><br>I **have** thirst. | I **am** 19 years old.<br><br>I **am** hungry.<br><br>I **am** thirsty. |
| **« Il y a... »** | **It has** a lot of clouds in the sky today. | **There are** a lot of clouds in the sky today. |
| | I **am agree** with you. | I **agree** with you. |
| | I hope you will **take** a decision in my favor. | I hope you will **make** a decision in my favor. |
| **Participes passés et voix passive** | A prison guard can be **compare** to a police officer in many ways. | A prison guard can be **compared** to a police officer in many ways. |
| **Niveau de langue** | I'm **gonna** tell you about my life.<br><br>I don't talk **cause** I'm tired.<br><br>I do it **specially** for you. | I'm **going to** tell you about my life.<br><br>I don't talk **because** I'm tired.<br><br>I do it **especially** for you. |

7

# LES MARQUEURS DE RELATION

Les marqueurs de relation ont pour but d'assurer une transition harmonieuse entre vos idées. Ils établissent un lien logique entre elles et vous permettent de nuancer vos propos.

**Pour introduire un sujet**

| FRANÇAIS | ANGLAIS |
|---|---|
| À ce propos<br>À ce sujet | On this topic / matter / subject |
| À cet égard | In that respect |
| À propos de | With / In regard to |
| Au premier abord | At first sight |
| Au sujet de | Concerning |
| D'abord | First / In the first place |
| Dans cet ordre d'idées | In this order of ideas |
| De ce point de vue | From this viewpoint |
| De prime abord | At first sight |
| D'une part | On the one hand |
| En ce qui a trait à<br>En ce qui concerne<br>En ce qui regarde<br>En ce qui touche à<br>Pour ce qui a trait à<br>Pour ce qui concerne<br>Pour ce qui est de<br>Pour ce qui touche | With regard to |
| En premier lieu | In the first place / First of all / Firstly |
| Quant à | As for |
| Relativement à | Relating to / Concerning |
| Sur ce point | On that point |
| Tout d'abord | First and foremost |

## Pour introduire une explication, un exemple

| FRANÇAIS | ANGLAIS |
|---|---|
| Ainsi | *Thus* |
| Autrement dit | *Put differently* |
| En d'autres termes | *In other words* |
| C'est-à-dire | *That is to say* |
| C'est ainsi que | *That is how* |
| C'est le cas de | *That is the case of* |
| D'ailleurs | *For that matter* |
| De même | *Likewise* |
| Effectivement | *Indeed / In fact* |
| En d'autres mots | *In other words* |
| En effet | *In fact / Actually* |
| Notamment | *Notably* |
| Par exemple | *For example* |
| Soit | *For instance* |

## Pour marquer les étapes du raisonnement, ajouter une idée

| FRANÇAIS | ANGLAIS |
|---|---|
| De plus<br><br>En outre | *Also* |
| De la même façon<br><br>Parallèlement | *In the same way* |
| De même | *Likewise* |
| De plus | *Moreover / Besides* |
| En deuxième lieu | *Second / Secondly* |
| En effet | *In fact / Actually* |
| En outre | *Besides* |
| En plus | *In addition* |
| En troisième lieu | *Third / Thirdly* |
| Ensuite | *Then / Next / After that* |
| Et puis | *And then* |
| Puis | *Then* |

## Pour introduire une opposition

| FRANÇAIS | ANGLAIS |
|---|---|
| Au lieu de / Plutôt que | *Instead of* |
| Cependant / Néanmoins | *However / Yet / Nevertheless* |
| Dans un autre ordre d'idées | *On a different line of thought* |
| D'autre part<br><br>En revanche<br><br>Par contre | *On the other hand* |
| Mais | *But* |
| Néanmoins | *Nevertheless / Nonetheless / Yet* |
| Par ailleurs | *In other respects* |
| Pourtant | *Yet / All the same* |
| Toutefois | *However / Nevertheless* |

## Pour souligner la cause

| FRANÇAIS | ANGLAIS |
|---|---|
| À cause de | Because / Due to |
| En raison de | On account of |
| Car / Parce que | Because |
| Compte tenu de | Given that |
| De ce fait | For that reason / On that account |
| Du fait que | Owing to the fact that / Because |
| Par le fait que | By the fact of / Simply by |
| Parce que | Because |
| Puisque | Since / As |
| Vu que | Seeing that |

## Pour indiquer le but

| FRANÇAIS | ANGLAIS |
|---|---|
| À cet effet | With that in mind |
| À cette fin | To this end |
| Afin de | In order to |
| Pour | |
| Dans ce but | With this aim in view |
| Dans cette optique | |
| Dans cette perspective | From this viewpoint |
| En vue de | With a view to (Pas d'équivalent en anglais) |
| Pour cela / Pour que | So that / In order that |

## Pour introduire une conséquence

| FRANÇAIS | ANGLAIS |
|---|---|
| Ainsi | *So / That way* |
| Ainsi donc | *So* |
| Alors | *Therefore* |
| C'est pourquoi | *That is why* |
| En conséquence | *Consequently* |
| Par conséquent | *As a result* |
| Pour ces motifs | *For those reasons* |
| Pour cette raison | *For that reason* |

## Pour conclure

| FRANÇAIS | ANGLAIS |
|---|---|
| Ainsi | *So* |
| Aussi | *As well* |
| Donc | *Thus / Therefore* |
| En conclusion<br>En terminant | *In conclusion* |
| En définitive | *When all is said and done* |
| En dernier lieu / Enfin / En somme | *Last of all / Last / Lastly / Finally* |
| Finalement / Pour terminer | *In short / In the end / Finally / To conclude* |
| Tout compte fait | *On the whole / All things considered* |

7

Je m'assure de réviser mon texte correctement en le relisant plusieurs fois.

| CATÉGORIE | VÉRIFICATION |
|---|---|
| **Lexique** | • Orthographe des mots . . . . . . . . . . . . . . . . . . . . . . . . . . . . . . . . ☐<br>• Niveau de langage . . . . . . . . . . . . . . . . . . . . . . . . . . . . . . . . . . ☐<br>• Anglicismes . . . . . . . . . . . . . . . . . . . . . . . . . . . . . . . . . . . . . . ☐<br>• Faux amis (anglais) . . . . . . . . . . . . . . . . . . . . . . . . . . . . . . . . . ☐<br>• Erreurs courantes (anglais) . . . . . . . . . . . . . . . . . . . . . . . . . ☐ |
| **Grammaire** | • Présence justifiée du pronom (référent mentionné antérieurement) . . . . . . . ☐<br>• Accord du verbe avec son sujet . . . . . . . . . . . . . . . . . . . . . . . ☐<br>• Accord des déterminants avec le nom (articles, possessifs, etc.) . . . . . . . ☐<br>• Accord de l'adjectif avec le nom . . . . . . . . . . . . . . . . . . . . . . . ☐<br>• Accord du participe passé . . . . . . . . . . . . . . . . . . . . . . . . . . . . ☐<br>• Erreurs courantes (anglais) . . . . . . . . . . . . . . . . . . . . . . . . . . . ☐ |
| **Syntaxe** | • Présence d'un verbe à l'intérieur de la phrase . . . . . . . . . . . . . . . . ☐<br>• Utilisation adéquate des subordonnants et des coordonnants<br>  dans les phrases complexes . . . . . . . . . . . . . . . . . . . . . . . . . . . ☐<br>• Utilisation adéquate du participe présent . . . . . . . . . . . . . . . . . ☐<br>• Respect de la concordance des temps . . . . . . . . . . . . . . . . . . . . ☐<br>• Erreurs courantes (anglais) . . . . . . . . . . . . . . . . . . . . . . . . . . . ☐ |
| **Ponctuation** | • Œuvre intégrale : titre souligné ou en italique . . . . . . . . . . . . . ☐<br>• Extrait ou poème : titre entre guillemets . . . . . . . . . . . . . . . . . ☐ |
| **Divers** | • Utilisation judicieuse des marqueurs de relation . . . . . . . . . . . . . . ☐ |

**7**

# CHAPITRE 8

# PRÉSENTER UN TRAVAIL ÉCRIT

# LE TRAVAIL MANUSCRIT

Le travail manuscrit doit être écrit proprement **avec une calligraphie soignée et surtout lisible**. Si votre enseignant ne réussit pas à déchiffrer votre écriture, il ne pourra évaluer votre travail à sa juste valeur.

### Présentation du travail

- Faute de cahier d'examen, utilisez des feuilles lignées au format standard 8 ½ x 11 po.
- Respectez les marges préétablies en haut et à gauche.
- Prévoyez dans la marge un espace destiné aux commentaires de l'enseignant.
- Écrivez à double interligne.
- Utilisez uniquement le recto des feuilles.
- Utilisez exclusivement un stylo à l'encre bleue ou noire.
- Privilégiez le ruban correcteur blanc pour vous corriger. Évitez les ratures.

# LE TRAVAIL À L'ORDINATEUR

La présentation matérielle de votre travail doit être uniforme du début à la fin. Son but est de faciliter la lecture et la correction ; il faut donc viser, d'abord et avant tout, la clarté et la sobriété.

Les logiciels de traitement de texte comme Word vous permettent de choisir les éléments de mise en forme de votre texte (polices, marges, alignement et espacement des lignes, etc.). Créez un modèle que vous conserverez dans votre ordinateur pour tous vos travaux.

## Le papier

Choisissez toujours du papier blanc, format lettre (8 ½ x 11 po). Utilisez uniquement le recto de la feuille.

## Les marges

En ce qui a trait aux marges à respecter, laissez 4 cm en haut et à gauche, puis 3 cm à droite et en bas. Respectez ces marges tout au long du travail.

Pour les citations en retrait, laissez des marges supplémentaires par rapport au texte principal.

## Les interlignes

Corps du texte : interligne 1 ½ ou double.

Citations (plus de trois ou cinq lignes[1]) : simple interligne.

Passage d'un paragraphe à l'autre : double ou triple interligne.

Passage d'une partie à l'autre (exemple : introduction au développement) : quadruple interligne.

Note en bas de page : simple interligne.

---

1. Voir Marie Malo, *op. cit.*, p. 30 et Bernard Dionne, *op. cit.*, p. 241.

8

## La typographie

Corps du texte : choisir une police facilement lisible (Arial, Cambria, Georgia, Times) en 11 ou 12 points (recommandé).

Note en bas de page : 10 points.

Titres et intertitres : 14 à 16 points.

Lettres minuscules : corps du texte.

Lettres majuscules :

- débuts de phrases graphiques ;
- acronymes (ONU, OTAN, HEC, etc.) ;
- première lettre des noms propres ;
- première lettre des titres et intertitres.

## Les styles de caractères

- Caractère romain (droit) : écriture du texte.
- Caractère italique : titre d'un document, d'une œuvre (livre, périodique, film, site Internet, tableau), nom d'un navire, mot ou expression en langue étrangère.
- Caractère gras : mise en relief d'un mot, d'un titre ou d'un intertitre.

## Les alignements et alinéas

- On peut aligner un texte à gauche uniquement, ou à gauche et à droite (on dit alors qu'il est justifié en pavé).
- L'alinéa, formé d'un retrait à la première ligne d'un paragraphe, est facultatif.

## La pagination

Toutes les pages doivent être comptées, même si elles ne sont pas toutes numérotées.

- Page de présentation (comportant un titre) : non numérotée.
- Pages précédant l'introduction : chiffres romains en lettres minuscules (i, ii, iii, etc.).
- Pages du texte depuis l'introduction jusqu'à la conclusion : chiffres arabes (1, 2, 3, 4, etc.) placés au coin supérieur ou inférieur droit de la page, à 3 cm du bord.
- Médiagraphie
- Annexe

## L'indication du nombre de mots

- Tous les mots doivent être comptés, y compris les mots d'une seule lettre (« l' », « y », « n' ») et ceux des citations.
- Décompte des mots avec **Word** : allez dans « **Outils** », puis cliquez sur « **Statistiques** ».
- Indiquez clairement le nombre de mots sur la première page de votre travail, à côté du titre, ou au coin inférieur gauche ou droit de la page.

8

## La reliure

- Agrafez les feuilles dans le coin supérieur gauche.
- Évitez d'insérer vos travaux dans une reliure ou une chemise, car elles se manipulent mal au moment de la correction.

# LES COMPOSANTES MATÉRIELLES D'UN TRAVAIL ÉCRIT

## La page de présentation ou page de titre

Première page du travail, la page de titre contient des éléments essentiels d'information sur l'étudiant et son projet (identité de l'étudiant, titre et numéro du cours, nature du travail, etc.).

| | |
|---|---|
| UNTEL TREMBLAY | Prénom et nom |
| Écriture et littérature | Titre du cours |
| 601-101-MQ | Numéro du cours |
| gr. 85129 | Numéro du groupe |
| | |
| L'HUMOUR DÉBRIDÉ DE RACINE DANS *PHÈDRE* | Titre du travail |
| | |
| Travail présenté à Monsieur Octave Crémazie | Nom de l'enseignant |
| | |
| Département de Français Collège Ahuntsic | Département |
| 21 mai 2012 | date de remise du travail |
| | |
| Nombre de mots : 857 | |

# La table des matières et les listes des tableaux et des figures

La table des matières présente, dans l'ordre, toutes les parties du travail ainsi que les pages où elles se trouvent. Si le travail contient plus de trois tableaux, figures ou graphiques, on en dresse une liste avec indication des pages où ils se trouvent. On ajoute cette liste à la table des matières.

*Exemple*

**8**

## Les titres des parties

### L'INTRODUCTION, LE DÉVELOPPEMENT ET LA CONCLUSION

Dans un travail de rédaction, on peut écrire les titres « Introduction » et « Conclusion » pour isoler ces deux parties, ce qui n'est pas le cas pour le développement. Cependant, on peut donner un titre à chacune des grandes parties de ce dernier. Ces titres doivent refléter le contenu du texte de chacune de ces sections. Quant au contenu, vous trouverez les indications nécessaires au chapitre 3, « Structurer un texte ».

### LES ANNEXES

Les annexes permettent de fournir des renseignements additionnels utiles (données statistiques, questionnaires, lexique, etc.) sans alourdir le corps du texte. Chaque annexe est généralement identifiée par une lettre ou un chiffre (ANNEXE A, ANNEXE B, ANNEXE 1, ANNEXE 2). On peut indiquer la présence d'une annexe de différentes façons.

*Exemples de renvoi à une annexe*

« On trouvera en annexe le questionnaire soumis aux répondants. »

« Le questionnaire soumis aux répondants (voir l'annexe 2) montre clairement que 58 % d'entre eux préfèrent le thé au café à la fin de leur repas. »

Bibliographie et médiagraphie : référez-vous au chapitre 5, « Respecter la propriété intellectuelle : présenter ses sources ».

Afin d'éviter toute forme de malentendu ou de contretemps, gardez toujours une copie de votre travail sous forme imprimée ou numérique, jusqu'à ce qu'il soit corrigé par l'enseignant et que celui-ci vous l'ait rendu.

Je soigne la présentation de mon travail . . . . . . . . . . . . . . . . . . ☐

Si mon texte est manuscrit :

- je veille à écrire lisiblement . . . . . . . . . . . . . . . . . . . . . . . ☐
- sauf indication contraire, j'utilise un stylo à encre bleue ou noire . . . . . . . . . . . . . . . . . . . . . . . . . . . . . . . . . . ☐

J'utilise le code de présentation d'un travail écrit :

- manuscrit . . . . . . . . . . . . . . . . . . . . . . . . . . . . . . . . . . ☐
- mis en page par traitement de texte . . . . . . . . . . . . . . . . . . ☐

Je reproduis le gabarit fourni pour la page de présentation . . . . . . . ☐

J'indique le nombre de mots au bas de la page de présentation . . . . . . ☐

**8**

## Pour la méthodologie

BERGER, Richard. *Épreuve uniforme de français*, réf. du 31 janvier 2013, http://pages.infinit.net/berric/EUF/euf-accueil.html

DÉPARTEMENT DE PHILOSOPHIE. *Livret départemental*, http://www.collegeahuntsic.qc.ca/departement-de-philosophie/livret-departemental

DIONNE, Bernard. *Pour réussir : guide méthodologique pour les études et la recherche*, réf. du 11 oct. 2011, www.pourreussir.com

DIONNE, Bernard. *Pour réussir : guide méthodologique pour les études et la recherche*, 5e édition, Laval, Beauchemin, 2008, 264 p.

ESPINASSE, Marie-Chantal et autres. *Parcours sans détour : guide d'accompagnement méthodologique*, Montréal, Association québécoise de pédagogie collégiale, 1996, 231 p.

FINDLAY, Joël. *Course Notes for 404-AEB*, Collège Ahuntsic, 2005.

FORGET, Louise. *Guide méthodologique*, réf. du 15 mai 2005, http://www.collegeahuntsic.qc.ca/pagedept/hist_geo/Atelier/guidemetho.html

FOURNIER, Georges-Vincent. *Face à l'épreuve. Les outils, les œuvres. Guide pratique de préparation à l'épreuve uniforme de français*, Montréal, Hurtubise, HMH, 2000, 166 p.

GAETZ, Lynne. *Open Road: English Skills High Intermediate Level*, Saint-Laurent, ERPI, 2002, 145 p.

GINGRAS, François-Pierre. *Guide de rédaction des travaux universitaires*, réf. du 17 mai 2005, aix1.uottawa.ca/~fgingras/metho/guide-fr.html

LABRECQUE, Sophie. *Notes pour le cours 601-101-04, Écriture et littérature*, Collège Ahuntsic, 2005.

LEPAGE, Carmen. *Éléments de méthodologie*, Collège Ahuntsic, Département de français, hiver 2004, 89 p.

LESSARD, Jean-Louis. *La Communication écrite au collégial*, Montréal, Éditions Le Griffon d'argile, 1996, 237 p.

MALO, Marie. *Le Guide de la communication écrite au cégep, à l'université et en entreprise*, Montréal, Québec/Amérique, 1996, 322 p.

RAMAT, Aurèle. *Le Ramat de la typographie*, 9e édition, Montréal, Aurèle Ramat éditeur, 2008, 224 p.

TREMBLAY, Lisa. Conseillère pédagogique TIC, Collège Ahuntsic, 2012.

TREMBLAY, Raymond-Robert, et Yvan PERRIER. *Savoir Plus*, préface de Guy Rocher, 2ᵉ édition, Montréal, Chenelière Éducation, 2006, 230 p.

TREMBLAY, Robert. *Savoir faire : précis de méthodologie pratique*, 2ᵉ édition, Montréal, Chenelière/McGraw-Hill, 1994, 321 p.

*Typo : écriture des titres — L'aménagement linguistique dans le monde,* www.axl.cefan.ulaval.ca/monde/regles-2TITRES.htm

**Pour le travail d'équipe**

GONON, Isabelle. *Travail collaboratif à distance*, réf. du 5 juillet 2012, http://formation-e-reputation.fr/isabellegonon/Travail_collaboratif_2011.pdf

Grand Dictionnaire terminologique, *Fiche terminologique, site Web*, réf. du 5 juillet 2012, http://www.gdt.oqlf.gouv.qc.ca/ficheOqlf.aspx?Id_Fiche=2075741 GTN-Québec

*Les Environnements d'apprentissage sont-ils en mutation ou en gestation?*, réf. du 29 juin 2012, http://www.gtn-quebec.org/ena/files/2011/11/6-Marcel-Borduas.pdf

POELHUBER, Bruno, et Bernard BÉRUBÉ. *Futurs profs : un projet de production de ressources vidéo pour former à l'utilisation pédagogique de différents outils technologiques.* Présentation lors du Colloque international sur les TIC en éducation, Montréal, mai 2012.

RÉSEAU DES RÉPONDANTES ET RÉPONDANTS TIC. *Profil TIC étudiants*, réf. du 5 juillet 2012, http://reptic.qc.ca/dossiers/profil-tic-eleves/le-profil.html

VINCENT, Michel. « Portrait des médias sociaux : mise à jour automne 2011 », *Clic*, nº 78 (janvier 2012), p. 20-29.

**Pour les citations**

BALZAC, Honoré de. *Le Père Goriot*, Paris, Gallimard, coll. « Folio Classique », 1999, 436 p.

BAUDELAIRE, Charles. *Les Fleurs du Mal*, avant propos de Serge Provencher, Montréal, ERPI, coll. « Littérature », 2006, 186 p.

BETTELHEIM, Bruno. *Psychanalyse des contes de fées*, Paris, Hachette, coll. « Pluriel », 1993, 512 p.

CERVANTÈS, Miguel de. *Don Quichotte*, traduit par César Oudin, revu par Jean Cassou, Paris, Gallimard, coll. « Folio Classique », 1988, tome 1, 635 p.

CERVANTÈS, Miguel de. *El ingenioso hidalgo Don Quijote de la Mancha*, 29ᵉ édition, Madrid, Espasa-Calpe, coll. « Austral », 1981, 680 p.

CLAUDEL, Paul. *La Peinture hollandaise et autres écrits sur l'art*, Paris, Gallimard, coll. « Idées », 1967, 188 p.

FLAUBERT, Gustave. *Correspondance*, Paris, Gallimard, coll. « Bibliothèque de la Pléiade », 1980, vol. II, 1534 p.

*La Chanson de Roland*, texte présenté, traduit et commenté par Jean Dufournet, Paris, GF-Flammarion, 1993, 355 p.

MARIVAUX. *Le Paysan parvenu*, édition d'Henri Coulet, Paris, Gallimard, coll. « Folio Classique », 1981, 574 p.

MONTESQUIEU, *Lettres persanes*, Paris, GF-Flammarion, 1995, 347 p.

PASCAL, Blaise. *Pensées*, Paris, Librairie Générale Française, 1973, 334 p.

PROUST, Marcel. *La Prisonnière*, Paris, GF-Flammarion, 1984, 558 p.

ROY, Gabrielle. *Bonheur d'occasion*, Montréal, Éditions du Boréal, coll. « Boréal compact », 1993, 413 p.

SARTRE, Jean-Paul. *L'Existentialisme est un humanisme*, Paris, Nagel, coll. « Pensées », 1970, 141 p.

SCHMITT, Éric-Emmanuel. *Ulysse from Bagdad*, Paris, Albin Michel, 2008, 311 p.

SÉNÈQUE. « Lettres à Lucilius », dans Christian Boissinot et autres, *L'Art de vivre : les stoïciens et Épicure*, traduction de Janick Auberger et Georges Leroux, Montréal, Éditions CEC, 1998, 215 p.

*Si Dieu n'existe pas alors tout est permis*, réf. du 23 décembre 2010, http://www.philo52.com/articles.php?lng=fr&pg=185

TREMBLAY, Michel. *Albertine en cinq temps*, Montréal, Leméac, coll. « Théâtre Leméac », p. 36-37.

*Tristan et Iseut*, version de Joseph Bédier, édition présentée, annotée et analysée par T. H. Penny Benarrosh, Laval, Beauchemin, coll. « Parcours d'une œuvre », 2001, 287 p.

VOLTAIRE. « Sur Jean Fréron », dans *Quarante siècles d'épigrammes, poèmes courts intemporels, poésie française et citations*, réf. du 2 avril 2012, épigramme.fr/auteurs/v/voltaire/sur-jean-freron.html

**Pour la révision linguistique**

CENTRE COLLÉGIAL DE MATÉRIEL DIDACTIQUE (CCDMD). *Amélioration du français*, réf. 2007, http://www.ccdmd.qc.ca.fr/

FOREST, Constance, et Denise BOUDREAULT. *Dictionnaire des anglicismes. Le Colpron*, Laval, Beauchemin, 1999, 381 p.

OFFICE QUÉBÉCOIS DE LA LANGUE FRANÇAISE. *La Banque de dépannage linguistique*, mise à jour le 19 décembre 2006, réf. du 9 janvier 2007, http://www.oqlf.gouv.qc.ca/ressources/bdl.html

RAMAT, Aurèle. *Le Ramat de la typographie*, 9ᵉ édition, Montréal, Aurèle Ramat éditeur, 2008, 224 p.

*Typo : écriture des titres — L'aménagement linguistique dans le monde*, www.axl.cefan.ulaval.ca/monde/regles-2TITRES.htm

VILLERS, Marie-Éva de. *Multidictionnaire de la langue française*, 4ᵉ éd., Montréal, Québec-Amérique, 2003, 1542 p.

**Pour les faux amis (méthode APA)**

Faux Amis words (2012). In *Longman Dictionary of Contemporary English*.
Retrieved from http://www.ldoceonline.com/dictionary/

Faux Amis words (2012). In *Dictionary.com*. Retrieved from http://dictionary.reference.com/

*How to write music citations and bibliographies in MLA and APA styles* (2012). Retrieved from
http://www.library.mun.ca/guides/howto/music_citations.pdf

Livingston, K. (2012). Guide to writing a basic essay. Retrieved from
http://lklivingston.tripod.com/essay/

Nerenberg, A. (2010, June 26). The science of fun. *The Gazette*. Retrieved from
http://www2.canada.com/montrealgazette/news/saturdayextra/story.html?id=33c512f3-5c
34-421b-8f67-dac32b8fbf34

*Perdue University Online Writing Lab*. (2012). Retrieved from
http://owl.english.purdue.edu/owl/resource/560/01/v

## Code de correction du français écrit

| CATÉGORIE | CODE | DESCRIPTION | SOUS-CATÉGORIES |
|---|---|---|---|
| Orthographe d'usage | O | Manière correcte d'écrire un mot, selon le **dictionnaire** | • Orthographe<br>• Accents<br>• Trait d'union |
| Orthographe grammaticale | G | Manière correcte d'écrire un mot, selon son **rôle** dans la phrase | • Accords<br>• Conjugaison<br>• Homophones |
| Ponctuation | P | **Signes graphiques** contribuant à l'organisation du texte | • .  ,  ;  :  …<br>• !  ?  ()  []  «» |
| Syntaxe | S | Règles relatives à la **construction de la phrase** | • Choix du temps et du mode des verbes<br>• Relation entre les mots<br>• Ordre des mots |
| Vocabulaire | V | **Choix du mot juste**, selon le sens et le contexte | • Langage familier<br>• Anglicismes<br>• Impropriétés |

**Suggestions pour la comptabilisation des erreurs**

Si une même erreur d'**orthographe d'usage** se répète dans le texte, on ne la compte qu'une seule fois. De la même façon, si les mots « pollution », « pollueur », « polluant » et « polluer » ne contiennent qu'un « l », on ne met qu'une seule erreur.

Une erreur d'orthographe grammaticale qui se répercute sur plusieurs mots n'est comptée qu'une seule fois.

*Exemple :* *Les enfant enthousiaste

Correction : Les enfants enthousiastes

Les fautes de ponctuation et d'accentuation comptent pour une demi-faute.

**Orthographe d'usage**

| SOUS-CATÉGORIES | EXEMPLES D'ERREURS | CORRECTION |
|---|---|---|
| Orthographe du mot | *Appercevoir | Apercevoir |
| | *Example | Exemple |
| | *Cauchemard | Cauchemar |
| | *Anxiétée | Anxiété |
| | *Oubliger | Obliger |
| Accents (aigu, circonflexe, grave) | *Revision | Révision |
| | *Diplômation | Diplomation |
| | *Poême | Poème |
| | Un fruit *mur | Un fruit mûr |
| Cédille, tréma | *Glacon | Glaçon |
| | *Androide | Androïde |
| | *Çela | Cela |
| Apostrophe | Il est *presqu'aussi grand que toi. | Il est presque aussi grand que toi. |
| | *Si il veut bien… | S'il veut bien… |
| | *Jusque à présent | Jusqu'à présent |
| | *L'homard | Le homard |
| Trait d'union | *Tout-à-fait | Tout à fait |
| | *Bio-diversité | Biodiversité |
| | *Parlez moi de vous. | Parlez-moi de vous. |
| | Retourne *chez-toi ! | Retourne chez toi ! |
| Majuscule, minuscule | Le premier *Mardi de *Juillet | Le premier mardi de juillet |
| | Les peintres *Italiens de la *renaissance | Les peintres italiens de la Renaissance |
| | J'ai fait mon choix : Je prendrai le plat du jour. | J'ai fait mon choix : je prendrai le plat du jour. |

\* L'orthographe traditionnelle et l'orthographe rectifiée doivent toutes deux être acceptées, puisque aucune des deux formes ne peut être considérée comme fautive.

## Orthographe grammaticale

| SOUS-CATÉGORIES | EXEMPLES D'ERREURS | CORRECTION |
|---|---|---|
| Accord dans le groupe du nom (déterminant, adjectif, nom) | *Une autobus<br><br>*Leur ballons<br><br>L'horaire *incomplète<br><br>Les *ordinateur<br><br>Des *chevals | Un autobus<br><br>Leurs ballons<br><br>L'horaire incomplet<br><br>Les ordinateurs<br><br>Des chevaux |
| Accord du verbe avec le sujet | Les ennuis que *créent cet embouteillage...<br><br>La foule *n'acceptent pas les insultes. | Les ennuis que crée cet embouteillage...<br><br>La foule n'accepte pas les insultes. |
| Accord du pronom (le choix du pronom relève de la catégorie S) | Les sujets *auquel je pense...<br><br>*Elle ne font pas de distinction. | Les sujets auxquels je pense...<br><br>Elles ne font pas de distinction. |
| Accord du participe passé | Elles sont *allé...<br><br>Ils ont *quittés la ville.<br><br>Les fleurs que vous m'avez *offert...<br><br>Elles se sont *parlées.<br><br>Ils se sont *rencontré. | Elles sont allées...<br><br>Ils ont quitté la ville.<br><br>Les fleurs que vous m'avez offertes...<br><br>Elles se sont parlé.<br><br>Ils se sont rencontrés. |
| Conjugaison | Elle *vie.<br><br>Il *travail.<br><br>Il a *permit...<br><br>Je l'ai *amener.<br><br>J'ai *acquéri... | Elle vit.<br><br>Il travaille.<br><br>Il a permis...<br><br>Je l'ai amené.<br><br>J'ai acquis... |
| Homophones | Il faut *quelle parte.<br><br>Ils *on englouti toutes les pâtisseries.<br><br>Il ne *c'est pas excusé.<br><br>Il *à cherché *a la convaincre.<br><br>Je sais *ou il va. | Il faut qu'elle parte.<br><br>Ils ont englouti toutes les pâtisseries.<br><br>Il ne s'est pas excusé.<br><br>Il a cherché à la convaincre.<br><br>Je sais où il va. |

## Ponctuation

| SOUS-CATÉGORIES | EXEMPLES D'ERREURS | CORRECTION |
|---|---|---|
| Virgule | *Je laisserais bien éclater ma joie□ mais la retenue est de mise. | Je laisserais bien éclater ma joie, mais la retenue est de mise. |
| | *Ce tout nouvel outil□ sera sans aucun doute fort utile. | Ce tout nouvel outil sera sans aucun doute fort utile. |
| | *Il n'ira pas chez sa cousine□Puisque celle-ci habite trop loin. | Il n'ira pas chez sa cousine, puisque celle-ci habite trop loin. |
| | *J'aime les bonbons, la crème glacée□ et le chocolat. | J'aime les bonbons, la crème glacée et le chocolat. |
| Point<br>Point d'interrogation<br>Point d'exclamation | *Fido a égaré ses balles sous le canapé□ | Fido a égaré ses balles sous le canapé. |
| | *Tous se demandent ce qu'il mijote? | Tous se demandent ce qu'il mijote. |
| | *Quelle arrogance□ | Quelle arrogance ! |
| Deux-points<br>Point-virgule | *Elle excelle dans plusieurs matières□ la biologie, l'histoire, la littérature. | Elle excelle dans plusieurs matières : la biologie, l'histoire, la littérature. |
| | *Il me lança un regard mauvais□il pensait que j'étais en colère. | Il me lança un regard mauvais ; il pensait que j'étais en colère. |
| | *Je m'occupe des ballons□ toi, du gâteau□ Albert, du champagne. | Je m'occupe des ballons ; toi, du gâteau ; Albert, du champagne. |
| Guillemets | *Je l'ai entendu crier :À l'aide! | Je l'ai entendu crier : « À l'aide ! » |
| Points de suspension | *J'ai visité l'Allemagne, le Portugal, l'Espagne, la France, l'Italie, etc... | J'ai visité l'Allemagne, le Portugal, l'Espagne, la France, l'Italie, etc. |
| Marques typographiques (identifiant un titre) | *J'ai oublié Roméo et Juliette dans le métro. | J'ai oublié *Roméo et Juliette* dans le métro. |

## Syntaxe

| SOUS-CATÉGORIES | EXEMPLES D'ERREURS | CORRECTION |
|---|---|---|
| Choix du temps ou du mode du verbe | Si *j'aurais su, je ne serais pas venu. | Si j'avais su, je ne serais pas venu. |
| | Il faut que vous lui *dites. | Il faut que vous lui disiez. |
| Choix de l'auxiliaire | Je *m'ai fait mal en tombant. | Je me suis fait mal en tombant. |
| Choix du pronom (l'accord du pronom relève de la catégorie G) | Le livre *que j'ai besoin n'est plus là. | Le livre dont j'ai besoin n'est plus là. |
| | Je *lui ai aidé à terminer ses devoirs. | Je l'ai aidé à terminer ses devoirs. |
| Emploi de la conjonction et de la préposition | Il bâille *à cause qu'il s'ennuie. | Il bâille parce qu'il s'ennuie. |
| | Il a besoin *de jouer et _____ s'amuser. | Il a besoin de jouer et de s'amuser. |
| | Il y va *à chaque fois. | Il y va chaque fois. |
| | Dimanche, j'irai *en campagne. | Dimanche, j'irai à la campagne. |
| Emploi de la négation | On *_____ a pas terminé le travail. | On n'a pas terminé le travail. |
| | Il ne se sent *pas à sa place nulle part. | Il ne se sent à sa place nulle part. |
| Ordre des mots | J'aurais *[voulu tellement] y assister. | J'aurais tellement voulu y assister. |
| | Il lance un message *[à ses collègues très belliqueux.] | Il lance un message très belliqueux à ses collègues. |
| Absence ou présence erronée d'un élément | Ils ont *quitté _____ précipitamment. | Ils ont quitté la salle précipitamment. |
| | Je me demande *qu'est-ce qu'il fait. | Je me demande ce qu'il fait. |
| Coordination des éléments | Il aime *[écrire et la lecture.] | Il aime écrire et lire. |

## Vocabulaire

| SOUS-CATÉGORIES | EXEMPLES D'ERREURS | CORRECTION |
|---|---|---|
| Langage familier | Elle s'en *foutait totalement. | Elle s'en moquait totalement. |
| | Il a *de la misère avec les accords. | Il a de la difficulté avec les accords. |
| | Ils se sont *engueulés. | Ils se sont disputés. |
| Anglicismes | *Mettre l'emphase sur... | Mettre l'accent sur... Insister sur... |
| | *Prendre pour acquis | Tenir pour acquis |
| | *À date, tout se déroule bien. | Jusqu'à maintenant, tout se déroule bien. |
| | *Dépendant de... | Selon la situation... En fonction de... |
| Impropriétés | *Dernièrement, j'aborderai... | En dernier lieu, j'aborderai... |
| | Vous devez *signaler le numéro suivant. | Vous devez composer le numéro suivant. |
| | *Au niveau de... | En matière de... En ce qui concerne... |
| | *Suite à | À la suite de... Après... |
| Paronymes (Confusion entre des mots semblables) | Ce vers *invoque... | Ce vers évoque... |
| | Les différents *stages de développement... | Les différents stades de développement... |
| | Cet article est *dénudé de contenu. | Cet article est dénué de contenu. |
| | Il fait partie *intégrale de notre équipe. | Il fait partie intégrante de notre équipe. |
| Pléonasmes | *Prévoir d'avance | Prévoir |
| | *Comme par exemple | Par exemple |
| | *Voire même | Voire |
| | *S'avérer vrai | S'avérer |
| | *Monopole exclusif | Monopole |
| | *Tollé de protestations | Tollé |

## L'orthographe rectifiée (ou nouvelle orthographe)

| | ORTHOGRAPHE TRADITIONNELLE | ORTHOGRAPHE RECTIFIÉE |
|---|---|---|
| Tous les éléments des <u>numéraux composés</u> sont dorénavant reliés par un trait d'union. | quatre cents trente et un<br>vingt-deux mille cinquante et unième | quatre-cents trente-et-un<br>vingt-deux-mille cinquante-et-unième |
| Les <u>noms composés</u> prennent la marque du <u>pluriel</u> au deuxième élément uniquement.<br><br><u>Exceptions</u> : Lorsque le second élément est un nom propre ou qu'il contient un article au singulier, il reste invariable. | un porte-bonheur,<br>des porte-bonheur<br><br>un hors-jeu,<br>des hors-jeu<br><br>un trompe-l'œil,<br>des trompe-l'œil | un porte-bonheur,<br>des porte-bonheurs<br><br>un hors-jeu,<br>des hors-jeux<br><br>un trompe-l'œil,<br>des trompe-l'œil |
| Certains <u>mots composés</u> sont soudés :<br>• mots formés avec « contr(e)- », « entre(e)- »<br>• avec « extra- », « infra- », « intra- », « ultra- »<br>• avec des éléments savants (« hydro- », « socio- », etc.)<br>• onomatopées<br>• mots empruntés | contre-attaque,<br>s'entre-tuer<br><br>extra-terrestre<br>ultra-violet<br><br>hydro-électricité<br>socio-culturel<br><br>tic-tac<br><br>base-ball | contrattaque,<br>s'entretuer<br><br>extraterrestre<br>ultraviolet<br><br>hydroélectricité<br>socioculturel<br><br>tictac<br><br>baseball |
| Les <u>mots empruntés</u> suivent dorénavant les règles de la grammaire française quant à la formation du pluriel et à l'accentuation. | des mafiosi<br>des gentlemen<br><br>des sandwiches<br>revolver | des mafiosos<br>des gentlemans<br><br>des sandwichs<br>révolver |
| Le <u>participe passé de « laisser »</u> suivi d'un infinitif demeure invariable (comme celui de « faire »). | Il les a laissés parler.<br>Elle s'est laissée gâter. | Il les a laissé parler.<br>Elle s'est laissé gâter. |
| L'<u>accent circonflexe</u> disparaît sur le « i » et le « u ».<br><br>Il est toutefois <u>maintenu</u> lorsqu'il y a risque de confusion avec un autre mot. | goût<br>piqûre<br>il apparaît<br>naître<br>il naît | gout<br>piqure<br>il apparait<br>naitre<br>il nait |

L'accent circonflexe est donc conservé dans « <u>dû</u> », « <u>mûr</u> », « <u>sûr</u> » ;
dans « <u>jeûne</u> » et « <u>jeûnes</u> » (le nom et les conjugaisons du verbe « jeûner ») ;
dans les formes du verbe « <u>croître</u> » qui pourraient être confondues avec celles de croire
(exemples : « <u>je croîs</u> », « <u>je crûs</u> », « <u>crû</u> »).

| | ORTHOGRAPHE TRADITIONNELLE | ORTHOGRAPHE RECTIFIÉE |
|---|---|---|
| L'accent grave remplace l'accent aigu dans certains mots.<br><br>Cette rectification s'applique également aux verbes qui se conjuguent comme « céder », au futur et au conditionnel. | sécheresse<br><br>céleri<br><br>tu libérerais<br><br>nous succéderons | sècheresse<br><br>cèleri<br><br>tu libèrerais<br><br>nous succèderons |
| La plupart des verbes en « -eler » ou « -eter » se conjuguent sur le modèle de « geler » ou de « acheter ».<br><br>Exceptions : les verbes « appeler », « jeter » et leurs composés, et « interpeler ». | je nivelle<br><br>ruissellement<br><br>il époussettera | je nivèle<br><br>ruissèlement<br><br>il époussètera |
| Les mots en « -olle » et les verbes en « -otter » s'écrivent dorénavant avec une consonne simple.<br><br>Exceptions : « colle », « folle », « molle » et les mots de la famille d'un nom en « -otte » (comme le verbe « menotter », qui découle de « menotte »). | corollaire<br><br>grelotter<br><br>ballotter<br><br>ballottage<br><br>cachotterie | corolaire<br><br>greloter<br><br>balloter<br><br>ballotage<br><br>cachoterie |
| Dans les suites « -güe » et « -güi », le tréma se situe dorénavant sur la lettre « u » lorsque celle-ci est prononcée. | aiguë<br><br>ambiguë<br><br>ambiguïté<br><br>gageure | aigüe<br><br>ambigüe<br><br>ambigüité<br><br>gageüre |

| CERTAINES ANOMALIES ONT ÉTÉ CORRIGÉES | |
|---|---|
| « imbécilité », comme « imbécile » | « persiffler », comme « siffler » |
| « charriot », comme « charrue » | « dissout » au féminin : « dissoute » |
| « combattif », comme « combattre » | « assoir » ; « ognon » ; « nénufar » |

**Copie témoin**

**15 fautes**

En réponse à l'offre de stage affiché au cégep de Saint-Philippe, j'ai le plaisir de poser
ma candidature.

Je suis titulaire d'un diplôme d'étude collégiale en commercialisation de la mode et j'étudie
présentement en comptabilité. J'ai également occupé différents emploies dans la vente
au détail dans différentes entreprises.

Mes employeurs précédants se sont dits impressionner par mes capacités. Je suis percue
comme une personne responsable, fiable, et douée d'une grande facilitée d'adaptation
aux imprévus.

[Ayant toujours fait partie d'équipes sportives de compétition, le travail d'équipe est tout
naturel pour moi]. Je suis une personne très sociale, mais je suis très confortable avec
le travail individuel.

J'estime que se sont toutes des qualités que vous pourrez apprécier. […] Je serai disponible
pour vous rencontrez dès le mardi 1er mars peut être même avant, dépendant de vos besoins.

**Mathématiques et chiffres arabes**

**19 fautes**

Malgré leur nom, les chiffres arabes originent de l'Inde. Ils ont été empruntés à ce pays
par les arabes, puis ensuite introduit en Europe par le mathématicien italien […] constitut
une véritable révolution à un époque où l'Occident utilisait encore les chiffres romain
et contait, à l'aide de jettons, sur une tablette à calculer. […]

On peut se demandé d'ou viennent les mots « chiffre » et « zéro » ? […] C'est d'abord
le mot « chiffre » qu'on n'a utilisé pour signifier « zéro ». Ce [n'est seulement qu'à] la fin
du xveᵉ siècle que « chiffre » va signifier des symbole représentants les nombres. […]
On comprend que la culture arabe ait droit au chapitre quant on aborde cette science !

Texte extrait du *Détecteur de fautes* : http://ccdmd.qc.ca/fr/parcours_guides/?id+5164&action+animer

p. (5; 6; 45; 59; 84-85; 96; 100)

Ce livre a été imprimé en octobre 2013
sur les presses de l'Imprimerie Lebonfon